融资租赁实务
——融资渠道与操作指引

聂伟柱　高小月◎著

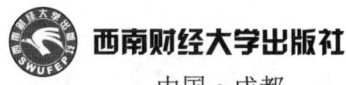

中国·成都

图书在版编目(CIP)数据

融资租赁实务:融资渠道与操作指引/聂伟柱,高小月著.—成都:西南财经大学出版社,2022.12
ISBN 978-7-5504-5566-5

Ⅰ.①融… Ⅱ.①聂…②高… Ⅲ.①融资租赁 Ⅳ.①F830.8

中国版本图书馆 CIP 数据核字(2022)第 181597 号

融资租赁实务——融资渠道与操作指引
RONGZI ZULIN SHIWU—RONGZI QUDAO YU CAOZUO ZHIYIN

聂伟柱　高小月　著

策划编辑:孙婧
责任编辑:廖术涵
责任校对:周晓琬
封面设计:墨创文化
责任印制:朱曼丽

出版发行	西南财经大学出版社(四川省成都市光华村街55号)
网　　址	http://cbs.swufe.edu.cn
电子邮件	bookcj@swufe.edu.cn
邮政编码	610074
电　　话	028-87353785
照　　排	四川胜翔数码印务设计有限公司
印　　刷	四川新财印务有限公司
成品尺寸	165mm×230mm
印　　张	13.5
字　　数	230 千字
版　　次	2022 年 12 月第 1 版
印　　次	2022 年 12 月第 1 次印刷
书　　号	ISBN 978-7-5504-5566-5
定　　价	78.00 元

1. 版权所有,翻印必究。
2. 如有印刷、装订等差错,可向本社营销部调换。

序一

历史总在刻印时间的坐标，历经改革开放四十年，走过祖国华诞七十载，进入2022年，百年变局交织世纪疫情，世界之变、时代之变、历史之变正以前所未有的方式展开。环顾周遭，世界经济被新冠疫情反复冲击，供应链不畅通等因素推高了全球通胀，美国等经济体的货币政策由此转向，加息潮蔓延，金融市场风险加大，挑战前所未有，压力历史罕见。在重大考验面前，我国统筹疫情防控与经济发展，最大程度稳住了经济社会发展的基本盘，中国号巨轮劈波斩浪、行稳致远，为全球发展提供了复苏动力，也为我们身边每一位企业经营者和金融工作者注入了强大信心。

习近平总书记指出，金融是实体经济的血脉，为实体经济服务是金融的天职，是金融的宗旨，也是防范金融风险的根本举措。回顾金融租赁行业的发展，正是在服务国家大局、支持实体经济、助力改革开发的进程中实现了自我革新与跨越发展。从20世纪80年代初起步，金融租赁迎风搏浪，异军突起，至2015年国务院办公厅印发《关于促进金融租赁行业健康发展的指导意见》，支持行业发展上升到国家政策层面，目前国内获批成立的金融租赁公司共有68家，注册资本合计约2 700亿元，总资产规模约3.6万亿元，在促进产业升级、优化资源配置、加强产融结合等方面发挥了重要作用，进一步丰富和完善了我国金融体系，成为推动经济增长的有力引擎。

河北省金融租赁有限公司（以下简称"河北金租"）于1995年成立，27年来砥砺奋进、栉风沐雨，累计完成租赁业务投放超过1 500亿元，为国内31个省（自治区、直辖市）的各类客户提供了优质高效的金融服务，成为一家资本实力坚实、业绩表现上佳的优秀金租公司，以深耕行业的精神与稳健斐然的成绩见证和亲历了行业跨越发展。作为一家产业背景突出、专业特色鲜明的金租公司，河北金租不断聚焦清洁能源、中小业务、医疗健康、工程装备等领域，战略业务蓬勃发展，动能强劲。在资产端连接实体产业的同时，河北金租在负债端深入信贷、债券等金融市场，伴随行业发展进程，公司积极探索各类融资业务，是首批进入同业拆借市场、首批发行金融债券、首批发行租赁资产证券化产品、首批开展财产权信托业务、首家发行绿色金融债券的金租公司，与各大国有银行、股份制银行等金融同业开展了密切多元的合作，连续五年获得3A信用评级，展现了孜孜以求的专业品质和勇于开拓的创新精神。

近年来，金融租赁行业融资环境不断变化，资产结构更趋多元，融资渠道、融资工具逐渐丰富。懂融资者知金租、管融资者知风险，融资始终是金融租赁的经营基本和源头活水。当前，全面系统介绍金租公司融资业务的操作类书籍不多，在全球租赁业竞争力论坛秘书长聂伟柱的提议下，河北金租、竞争力论坛两方共同启动了《融资租赁实务——融资渠道与操作指引》的编写工作。经过一年时间，成书将正式出版。在写作调研过程中，我们全面梳理了金租公司的融资实践，具体剖析了各类融资工具的操作要点，多方吸取了业界的专业意见，希望能对完善相关领域的实务操作做出贡献，为金融行业的工作者提供借鉴和帮助。

历史长河奔腾不息，有风平浪静，有波涛汹涌。展望未来，中国的金融租赁业正从新起点出发踏上新征程，在危机中育先机、于变局中开新局，更加坚定地推动高质量发展。从 2021 年至今，全国各地"十四五"金融改革规划陆续出炉，北京、上海、天津、重庆、河北、江苏等一批省（自治区、直辖市）都在规划中提到支持鼓励融资租赁发展，在国内大循环为主体、国内国际双循环相互促进的发展大舞台上，金融租赁必将在更深层次、更宽领域融入"中国制造2025""互联网+""一带一路"等重大战略，金租工作者也将身体力行，一步一个脚印推进实施，一点一滴抓出成果，为支持我国产业创新升级、社会投资和经济结构调整贡献更大力量。

河北省金融租赁有限公司董事长 徐敏俊

2022 年 11 月

序二

融资租赁被普遍认为是一种与实体经济结合最为紧密的金融业态，在国外也是仅次于银行信贷的第二大间接融资渠道。据统计，全国金融租赁公司共有68家，融资租赁公司1万余家，把金融租赁公司和融资租赁公司合并计算，整个行业的资产规模超过7万亿元。回顾十来年的发展，融资租赁不仅仅为实体经济注入了大量的资金，在培育、促进国内高端制造业发展上也起到了至关重要的作用。

根据国务院办公厅《关于促进金融租赁行业健康发展的指导意见》（国办发〔2015〕69号）和《关于加快融资租赁业发展的指导意见》（国办发〔2015〕68号）两份文件，融资租赁公司的融资工具包括发行债券和股票、资产证券化、利用外债、委托贷款、跨境人民币融资、保险资金、设立产业基金等，涉及信贷市场、债券市场、股票市场甚至是跨境金融市场。

不难看出，融资租赁公司能选择的融资工具并不少，但具体到实践中，金融租赁公司的资金来源除了少部分金融债之外，八成以上都来自银行资金。融资租赁公司的情况稍好，近年来资产证券化（ABS）、资产支持票据（ABN）、公司债等直接融资工具使用频率较高，银行渠道资金在整体负债盘子中的比重有所下降，但占比也不低。总的来看，受限于行业认可度、政策限制、资格要求、操作难度等因素，金融租赁公司、融资租赁公司的融资渠道普遍过于单一。究其原因，症结点之一在于，融资工具纷繁芜杂，融资人员难以全面掌握各类融资工具的政策要求、性质特点和操作要点。

《融资租赁实务——融资渠道与操作指引》的出版可谓恰逢其时。该书分为五个章节，条分缕析，根据金融租赁公司和融资租赁公司性质的不同，梳理出了二十余种的融资工具。与此同时，对各种融资工具的特点、政策要求、操作要点作了细致描述，并且搭配了大量翔实的融资案例。全书的编排也有助于租赁公司按图索骥，简单直接地找到心仪的融资工具，增强负债管理的主动性。

通读下来，这是一本颇具参考价值的指南书，做到了理论和实务相结合。该书共有三个特点。其一，全面性，作者站在金融租赁、融资租赁两类机构的视角，列举了市场上所有的融资方式；其二，科普性，内容涵盖了信贷、债券、股票等金融领域的基础知识；其三，专业性，书中不仅有详细的介绍，还穿插了不少案例，有助于读者更好地理解内容，对实际的工作应有一定指导性。

应全球租赁业竞争力论坛秘书长聂伟柱之邀，我谨为该书作序。相信该书的出版有助于解决租赁公司，特别是中小型租赁公司的融资困惑。

河北省农村信用社联合社党委书记、理事长 徐翀

2022 年 11 月

序三

"十四五"规划提出，要健全具有高度适应性、竞争力、普惠性的现代金融体系，构建金融有效支持实体经济的体制机制。

融资租赁作为全球第二大间接融资工具，在改革开放之初被引入中国。40 余年的发展历程中，融资租赁行业几经起伏。最近一次腾飞始于 2007 年，2007 年前后，首批五家银行系金融租赁公司获批开业，带动了整个行业的发展进入快车道。到 2015 年，国务院办公厅发布《关于促进金融租赁行业健康发展的指导意见》（国办发〔2015〕69 号）和《国务院办公厅关于加快融资租赁业发展的指导意见》（国办发〔2015〕68 号）两份文件，支持发展融资租赁、金融租赁，各地方政府也相继出台扶持政策。截至 2021 年年底，全国 68 家金融租赁公司总资产规模达到 3.6 万亿元；融资租赁公司在经过了市场出清之后，呈现出明显的提质增效发展态势，总资产规模超过 3 万亿元。

在中国，融资租赁这一业态已被广大实体企业熟识，而伴随着实体经济的转型，融资租赁行业也进入以服务产业经济为转型方向的新发展阶段。培育稳定、强大的融资能力，构建多元化的融资渠道，是融资租赁公司推进转型的资金保障和坚强后盾。从全局来看，信贷市场一直是融资租赁公司的主要融资渠道。银行与融资租赁公司是紧密的合作伙伴，在服务实体经济、解决中小企业融资难方面发挥着协同、互补的作用。债券市场在近年来实现了高速发展，品种不断丰富，债券发行机制不断完善，已经成为融资租赁公司的重要融资渠道。伴随着股权市场制度性的变革，股权市场将迎来黄金发展期，上市对于优质融资租赁公司来讲也一直是一个里程碑式的目标。其他融资市场的不断开放和完善，为融资租赁公司获取资金提供了更多便利。

近期，《融资租赁实务——融资渠道与操作指引》将出版，全球租赁业竞争力论坛秘书长聂伟柱先生邀请我为该书作序。通读书稿后，该书有两个特点：其一，知识面全。该书覆盖了信贷市场、债券市场、股权市场等，几乎穷尽了融资租赁公司能利用的各种融资渠道。其二，实用性强。本书围绕各种融资产品的特点、政策、操作要点作了细致的梳理、总结，具有比较强的实用性。

相信该书的出版有助于解决金融租赁公司、融资租赁公司的融资困惑，为融资租赁业的转型之路贡献智慧。

上海新金融研究院副院长 刘晓春

2022 年 11 月

前言

我国融资租赁业起步较晚，发展前期面临了立法滞后、政策不完善、资金来源渠道狭窄等诸多障碍，但到今天行业已经取得了长足的进步，正向高质量发展阶段转型，这得益于多年来国家对融资租赁行业的鼓励、支持和规范。特别是2018年以来，银保监会发布多项政策文件，重新构建了融资租赁行业的监管制度框架，完善了业务经营规则、监督管理规则，对行业下一阶段发展起到了重要的规范、引导作用。

融资租赁是典型的资金密集型行业，资金的充足程度、周转能力关乎企业的长久发展。金融租赁公司和融资租赁公司都是主营融资租赁业务的机构，开展的业务基本一致，但实际上两类机构的发展状态不同，且监管所规定的融资渠道范围也有本质差别。2020年6月，银保监会发布《融资租赁公司监督管理暂行办法》，在业务经营规则中再次明确了融资租赁公司的融资来源限制。

2022年以来，外部环境的不确定性进一步加剧了融资租赁行业的分化，部分中小融资租赁公司受制于资金来源有限，从而陷入发展困境，融资能力强的公司才能在当前的竞争环境中占据更有利的位置。不同背景、处于不同发展阶段的公司在不同市场条件下，需要选择适当的融资渠道，合理安排债权债务关系，保持负债结构合理性、安全性和稳定性。因此，对融资渠道进行全面梳理非常重要。

《融资租赁实务——融资渠道与操作指引》是融资租赁实务系列第二

本，编写本书的目的是从理论与实务结合的角度，阐明金融租赁公司和融资租赁公司的融资渠道和操作方式。本书内容共分为五章：第一章是融资租赁行业概述，第二章到第五章按照体系不同将融资渠道分为信贷市场、债券市场、股票市场及其他。第二章讲解信贷市场的九种筹资类别，包括银行贷款、保理融资等；第三章介绍八种债券融资工具，分类阐述金融租赁公司和融资租赁公司的债券融资应用；第四章按照A股、港股、新三板及北交所几类上市场所，分别介绍上市规则和条件；第五章补充介绍银登中心和跨境融资两类筹资方式。书中在介绍每一种融资方式前，还列明了相关的政策文件目录，方便查询条款规定，附录部分增加了《全国银行间同业拆借市场业务操作细则》等重要文件，便于读者学习。

  本书的策划、调研、写作、出版得到了河北省金融租赁有限公司（简称"河北金租"）的大力支持。作为一家成立于1995年的老牌金融租赁公司，河北金租参与并见证了中国租赁行业的发展壮大。特别是近几年在徐敏俊董事长的带领下，河北金租发展成为清洁能源领域最具影响力的租赁公司，融资渠道、工具日渐多元。在此，我谨代表本书写作组向河北金租表示诚挚的感谢。

聂伟柱

2022年11月

目录

一、融资租赁行业概述 / 1

  （一）租赁公司分类 / 1

  （二）租赁公司的筹资需求 / 3

二、信贷市场筹资 / 5

  （一）授信 / 6

    1. 政策目录 / 6

    2. 定义及特点 / 7

    3. 操作 / 10

    4. 授信情况 / 13

  （二）同业拆借 / 16

    1. 政策目录 / 16

    2. 定义及特点 / 16

    3. 操作 / 18

  （三）同业借款 / 20

    1. 政策目录 / 20

    2. 定义及特点 / 21

    3. 操作 / 22

（四）流动资金贷款　／23

    1. 政策目录　／23

    2. 定义及特点　／23

    3. 操作　／24

（五）固定资产贷款　／27

    1. 政策目录　／27

    2. 定义及特点　／28

    3. 操作　／29

（六）银团贷款　／31

    1. 政策目录　／31

    2. 定义及特点　／31

    3. 操作　／33

    4. 银团贷款情况　／35

（七）保理融资　／36

    1. 政策目录　／36

    2. 定义及特点　／37

    3. 操作　／39

（八）保函与信用证　／41

    1. 政策目录　／41

    2. 定义及特点　／41

    3. 操作　／44

（九）委托贷款 / 46

    1. 政策目录 / 46

    2. 定义及特点 / 47

    3. 操作 / 48

三、债券市场筹资 / 51

（一）金融债 / 52

    1. 政策目录 / 52

    2. 定义及特点 / 53

    3. 操作 / 54

    4. 历史发行情况 / 58

（二）二级资本债 / 59

    1. 政策目录 / 59

    2. 定义及特点 / 60

    3. 操作 / 63

    4. 历史发行情况 / 64

（三）资产证券化 / 65

    1. 政策目录 / 65

    2. 定义及特点 / 68

    3. 操作 / 73

    4. 历史发行情况 / 97

（四）短期融资券 / 99

1. 政策目录 / 99

2. 定义及特点 / 101

3. 操作 / 101

4. 历史发行情况 / 103

（五）中期票据 / 104

1. 政策目录 / 104

2. 定义及特点 / 105

3. 操作 / 106

4. 历史发行情况 / 106

（六）非公开定向债务融资工具 / 107

1. 政策目录 / 107

2. 定义及特点 / 108

3. 操作 / 109

4. 历史发行情况 / 110

（七）绿色债务融资工具 / 111

1. 政策目录 / 111

2. 定义及特点 / 112

3. 操作 / 113

4. 历史发行情况 / 113

（八）公司债　／114

  1. 政策目录　／114

  2. 定义及特点　／116

  3. 操作　／117

  4. 历史发行情况　／125

四、股票市场筹资　／127

 （一）A股上市　／127

  1. 政策目录　／127

  2. IPO流程及操作　／132

  3. A股上市情况　／138

 （二）港股上市　／139

  1. 政策目录　／139

  2. IPO流程及操作　／140

  3. 港股上市情况　／148

 （三）新三板、北交所上市　／150

  1. 政策目录　／150

  2. 挂牌/转板上市流程及操作　／151

  3. 新三板挂牌情况　／152

五、其他筹资工具　／155

 （一）银行业信贷资产登记流转中心转让　／155

  1. 政策目录　／155

2. 业务模式 / 156

   3. 操作 / 158

   4. 历史情况 / 160

  (二) 跨境融资 / 161

   1. 政策目录 / 161

   2. 外债管理规则 / 162

   3. 跨境融资主要形式之一：境外借款 / 167

   4. 跨境融资主要形式之二：跨境人民币贷款 / 168

   5. 跨境融资主要形式之三：境外发行债券 / 171

参考文献 / 179

附录一 政策目录合集 / 181

附录二 机关法律文件摘录 / 195

一、融资租赁行业概述

融资租赁是指出租人根据承租人对租赁物和供货人的选择或认可，将其从供货人处取得的租赁物按合同约定出租给承租人占有、使用，向承租人收取租金的交易活动。在我国的金融市场中，融资租赁已经成为银行信贷、信托、保险并列的主要金融形式之一，在拉动社会投资、加速技术进步、促进消费增长以及在完善金融市场、优化融资结构、降低金融风险方面具有自己的特点和优势。

（一）租赁公司分类

我国专业从事融资租赁业务的机构分为金融租赁公司和融资租赁公司，对两类机构的监督规则均由银保监会负责制定，但机构性质有本质的不同。

《金融租赁公司管理办法》规定：金融租赁公司是指经银保监会批准，以经营融资租赁业务为主的非银行金融机构。其业务范围包括两类：

一是经银保监会批准，金融租赁公司可以经营下列部分或全部本外币业务：

（一）融资租赁业务；

（二）转让和受让融资租赁资产；

（三）固定收益类证券投资业务；

（四）接受承租人的租赁保证金；

（五）吸收非银行股东3个月（含）以上定期存款；

（六）同业拆借；

（七）向金融机构借款；

（八）境外借款；

（九）租赁物变卖及处理业务；

（十）经济咨询。

二是经银保监会批准，经营状况良好、符合条件的金融租赁公司可以开办下列部分或全部本外币业务：

（一）发行债券；

（二）在境内保税地区设立项目公司开展融资租赁业务；

（三）资产证券化；

（四）为控股子公司、项目公司对外融资提供担保；

（五）银保监会批准的其他业务。

银保监会官网数据显示，截至2021年年末，全国共有68家金融租赁公司，其中超过一半具有银行背景。中国银行业协会发布的《中国金融租赁行业发展报告（2020）》显示，截至2020年年末，金融租赁行业总资产3.54万亿元；总负债3.03万亿元，同比增长9.35%，增幅较2019年提高0.98个百分点。

《融资租赁公司监督管理暂行办法》规定：融资租赁公司是指从事融资租赁业务的有限责任公司或者股份有限公司（不含金融租赁公司）。其业务范围包括：

融资租赁公司可以经营下列部分或全部业务：

（一）融资租赁业务；

（二）租赁业务；

（三）与融资租赁和租赁业务相关的租赁物购买、残值处理与维修、租赁交易咨询、接受租赁保证金；

（四）转让与受让融资租赁或租赁资产；

（五）固定收益类证券投资业务。

根据银保监会官网，截至2021年9月末，纳入监管名单并向社会公示的融资租赁公司有667家。融资租赁公司资产规模已达40 000亿元。

（二）租赁公司的筹资需求

租赁公司的盈利来源主要是租息收入，利差是主要的盈利模式。租赁公司开展融资租赁业务，涉及"将所拥有的租赁物出租给承租人使用"这一个环节，在实际业务中，租赁公司本身并不生产这些资产，因此需要在出租环节前取得资产并支付相应对价，一般是向租赁物的生产厂商或者原始所有人购买租赁物。租赁公司支付对价所使用的资金源于自有资金及外部资金，一般以外部资金为主。从租赁公司的财务报表中可知，租赁公司的利息支出往往能占到营业总支出的50%~90%。

融资租赁行业是典型的资金密集型行业，融资能力是租赁公司的核心竞争力之一，融资渠道和资金是公司的生命线。目前，金融租赁公司、融资租赁公司的筹资主要有信贷市场、债券市场、股票市场三种途径。其中，信贷市场占比最大，债券市场的占比逐渐上升，但主要集中在头部公司使用，股票市场受监管等方面的影响，目前成功上市的租赁公司相对较少，股权融资在整个行业融资中占比非常少。

由于两类机构性质的不同，融资活动所受的监管规则也不同，融资结构有所差异。金融租赁公司的融资主渠道基本都是银行同业融资品种，股东背景、资产规模、资产质量、盈利指标、业务发展情况等是决定其融资结果的重要因素。融资租赁公司的融资主渠道因企业发展情况有所不同，部分底层资产较好的公司已经把资产证券化作为最重要的融资渠道。部分公司因在公开市场的信用不足，融资极度依赖银行渠道。部分央企背景的融资租赁公司则把股东委托贷款作为重要融资渠道。

租赁公司一般设置有专门的融资、资金部或金融市场部，负责公司日常的融资活动。部门的主要职责一般有：落实公司年度资金筹措计划，完成公司业务所需本外币资金筹备及相关工作；维护公司与银行及其他金融机构合作，拓展筹资渠道；公司资金调拨和头寸管理；同业合作和筹资产品开发；公司资产证券化、金融债券发行等方案的研究和制定。

二、信贷市场筹资

　　信贷市场指信贷工具的交易市场，信贷市场上的市场主体可以划分为信贷资金的供给者和信贷资金的需求者两大类，信贷市场的主要功能就是融通资金。

　　信贷市场的资金供给者主要是商业银行，商业银行所占的交易量最大，采用的信贷工具最多，对资金供求与利率的波动影响也最大。在我国信贷市场上，国有商业银行占据了绝大部分的市场份额。非银行以外的其他金融机构，如银行以外的财务公司、保险公司和信托公司等，也是信贷市场的重要资金供给者。信贷市场上的资金需求者主要是企业、个人和金融机构。中央银行和金融监管机构也是信贷市场的重要参与者。在信贷市场上，人民银行发挥中央银行的宏观调控职能，银保监会发挥金融监管职能。

　　人民银行作为宏观调控职能机构会根据宏观经济情况制定适时的信贷政策，通过经济、法规手段引导信贷资金投向，促进产业结构、产品结构、生产力布局、经济规模优化以及生产发展与生态环境的平衡。各商业银行为了保证其业务经营活动的一致性，在央行信贷政策的基础上，也会制定针对性的细化行业信贷政策。作为每一项贷款决策的总原则，央行信贷政策一般会涉及客户定位、底层资产投向、信贷产品设计等多方面，以指导企业开展授信、贷款工作。

　　案例

　　2019年8月，中国农业银行出台（以下简称"农行"）《融资租赁行业信贷政策》（以下简称《政策》），加强对银租合作信贷业务政策指导和规范管理。

近年来，农行积极支持了一大批优质融资租赁企业，提供了贷款、银赁通保理、资产证券化等多元化金融服务。在业务发展的同时，牢牢把握融资租赁行业的金融属性，对承租人和租赁物实施穿透管理，严格防范信用风险。此次专门出台的融资租赁行业信贷政策，进一步明确了业务投向和支持重点，推动了银租合作业务合规稳健发展。

业务投向上：农行围绕国家产行业发展规划和供给侧结构性改革要求，重点支持航空、铁路、城市轨道交通、高端装备制造等领域租赁业务，择优支持医疗、教育、养老农业等领域租赁业务，稳妥支持传统工业设备、工程机械、汽车租赁业务。

合作对象上：优先选择综合实力较强、合规稳健经营、风控水平较高的融资租赁行业龙头企业、上市公司，择优支持盈利模式较成熟、专业特色突出、资产质量较好的融资租赁公司。根据企业性质、监管要求和业务特点，对金融租赁公司、外商投资融资租赁公司和内资融资租赁试点公司，农行还制定了差异化客户分类标准。

合作方式上：以依法合规为前提，积极向融资租赁行业提供贷款、保理、保函等表内外融资服务，鼓励研发飞机、交通等专项租赁业务的定制化融资产品，规范开展金融租赁公司同业业务，择优支持优质融资租赁公司债券承销、资产证券化等投行业务。

下一步，农行将以《政策》出台为契机，以"依法合规、择优支持、穿透管理、严控风险"为原则，合理规范开展银租合作，积极推动融资租赁行业高质量发展，助力实体经济提质增效。

（一）授信

1. 政策目录

"授信"最早出现在1996年人民银行印发的《商业银行授权、授信管理暂行办法》中，此后与其相关的定义、内涵、规则等内容在监管机构发布的多个文件中有所体现，涉及的具体文件情况见表2-1。

二、信贷市场筹资

表 2-1 授信相关的政策文件情况

施行时间	文件名称	发布机构
1996-11-11	《商业银行授权、授信管理暂行办法》（银发〔1996〕403号）	人民银行
1999-1-20	《商业银行实施统一授信制度指引》（银发〔1999〕31号）	人民银行
2004-7-16	《商业银行授信工作尽职指引》（银监发〔2004〕51号）	原银监会
2010-6-4	关于修改《商业银行集团客户授信业务风险管理指引》的决定（中国银行业监督管理委员会令2010年第4号）	原银监会
2014-4-24	《关于规范金融机构同业业务的通知》（银发〔2014〕127号）	人民银行、原银监会、证监会、原保监会、外汇局
2014-5-8	《关于规范商业银行同业业务治理的通知》（银监办发〔2014〕140号）	原银监会
2017-3-9	《关于进一步加强信用风险管理的通知》（银监发〔2016〕42号文）	
2018-5-22	关于印发《银行业金融机构联合授信管理办法（试行）》的通知（银保监发〔2018〕24号）	原银监会
2022-3-1	《银行保险机构关联交易管理办法》（中国银行保险监督管理委员会令〔2022〕1号）	银保监会

2. 定义及特点

《商业银行授权、授信管理暂行办法》中所称授信，是指商业银行对其业务职能部门和分支机构所辖服务区及其客户所规定的内部控制信用高限额度。其具体范围包括贷款、贴现、承兑和担保。授信人为商业银行业务职能部门及分支机构。受信人为商业银行业务职能部门和分支机构所辖服务区及其客户。

1999年人民银行发布的《商业银行实施统一授信制度指引》，明确了统一授信的概念,"是指商业银行对单一法人客户或地区统一确定最高综合授信额度,并加以集中统一控制的信用风险管理制度。包括贷款、贸易融资(如打包放款、进出口押汇等)、贴现、承兑、信用证、保函、担保等表内外信用发放形式的本外币统一综合授信""最高综合授信额度是指商业银行在对单一法人客户的风险和财务状况进行综合评估的基础上,确定的能够和愿意承担的风险总量"。

此后,授信的内涵不断得到延伸。

根据 2004 年发布的《商业银行授信工作尽职指引》规定,授信按期限分为短期授信和中长期授信。短期授信指一年以内(含一年)的授信,中长期授信指一年以上的授信。

《商业银行授信工作尽职指引》列举了七种主要授信品种:(一)票据承兑;(二)贴现票据;(三)开立信用证;(四)公司贷款;(五)项目融资;(六)关联企业授信;(七)担保授信。

同时指引中还列举了主要授信种类的风险提示:

(一)票据承兑:是否对真实贸易背景进行核实;是否取得或核实税收证明等相关文件;是否严格按要求履行了票据承兑的相关程序。

(二)贴现票据:是否符合票据法规定的形式和实质要件;是否对真实贸易背景及相关证明文件进行核实;是否对贴现票据信用状况进行评估;是否对客户有无背书及付款人的承兑予以查实。

(三)开立信用证:是否对信用证受益人与开证申请人之间的贸易关系予以核实;申请人是否按照信用证开立要求填写有关书面材料;受理因申请人开立信用证而产生的汇票时,是否按照票据法和监管部门要求对汇票本身的形式和实质要件进行审核。

(四)公司贷款:是否严格审查客户的资产负债状况,认真独立计算客户的现金流量,并将有关情况存入档案,提示全部问题。

(五)项目融资:除评估授信项目建议书、可行性研究报告及未来现金流量预测情况外,是否对质押权、抵押权以及保证或保险等严格调查,防止关联客户无交叉互保。

(六)关联企业授信:是否了解统一授信的科学性、合理性和安全性,认真实施统一授信,及时调整额度并紧密跟踪。

(七)担保授信:是否对保证人的偿还能力,违反国家规定担当保证人，抵押物、质押物的权属和价值以及实现抵押权、质押权的可行性进行严格审查；是否就开设担保扣款账户的余额控制及银行授权主动划账办法达成书面协议；是否对抵（质）押权的行使和过户制定可操作的办法。

原银监会于2010年修订《商业银行集团客户授信业务风险管理指引》，其中将第四条修改为：授信是指商业银行向客户直接提供资金支持，或者对客户在有关经济活动中可能产生的赔偿、支付责任做出保证。包括但不限于：贷款、贸易融资、票据承兑和贴现、透支、保理、担保、贷款承诺、开立信用证等表内外业务。

2014年5月8日原银监会印发的《关于规范商业银行同业业务治理的通知》第六条规定："商业银行应建立健全同业业务授信管理政策，由法人总部对表内外同业业务进行集中统一授信，不得进行多头授信，不得办理无授信额度或超授信额度的同业业务。"该通知首次提出同业业务也需要授信。

根据原银监会2014年印发的《关于规范金融机构同业业务的通知》规定，同业业务是指中华人民共和国境内依法设立的金融机构之间开展的以投融资为核心的各项业务，主要业务类型包括：同业拆借、同业存款、同业借款、同业代付、买入返售（卖出回购）等同业融资业务和同业投资业务。

2016年印发的银监发〔2016〕42号文《关于进一步加强信用风险管理的通知》则要求银行业金融机构改进统一授信管理，应将贷款（含贸易融资）、票据承兑和贴现、透支、债券投资、特定目的载体投资、开立信用证、保理、担保、贷款承诺，以及其他实质上由银行业金融机构承担信用风险的业务纳入统一授信管理，其中，特定目的载体投资应按照穿透原则对应至最终债务人。

2018年银保监会印发《银行业金融机构联合授信管理办法（试行）》并开展试点工作。根据该办法，在3家以上银行业金融机构有融资余额，且融资余额合计在50亿元以上的企业，银行业金融机构应建立联合授信机制。对在3家以上的银行业金融机构有融资余额，且融资余额合计在20亿~50亿元的企业，银行业金融机构可自愿建立联合授信机制。

《银行业金融机构联合授信管理办法（试行）》明确了联合授信机制，通过建立事前控制和事中监测等机制抑制企业多头融资、过度融资的行为。该办法要求银行金融机构协商确定联合授信额度，由企业在额度内享有自主融资的权利。联合授信额度包括企业在银行业金融机构、非银行业金融机构、其他渠道的债务融资，以及对集团外企业的担保。同时，金融机构还要监测联合授信额度使用情况，建立企业融资台账，对已确认的企业实际融资及对集团外企业担保，在融资台账中等额扣减企业剩余融资额度。银行业金融机构向企业提供融资前，应查询剩余融资额度，在剩余融资额度内向该企业提供融资。

对于符合上述条件的大型租赁公司来说，资金紧缺并不是首要问题，联合授信机制的建立，能够有效防范过度融资，避免盲目负债，提高财务稳健性。租赁公司需要注意的是要在额度内安排融资活动。

2022年1月，中国银保监会发布《银行保险机构关联交易管理办法》，其规定，授信类关联交易指银行机构向关联方提供资金支持或者对关联方在有关经济活动中可能产生的赔偿、支付责任作出保证，包括贷款（含贸易融资）、票据承兑和贴现、透支、债券投资、特定目的载体投资、开立信用证、保理、担保、保函、贷款承诺、证券回购、拆借以及其他实质上由银行机构承担信用风险的表内外业务等。

同时《银行保险机构关联交易管理办法》规定，银行机构对单个关联方的授信余额不得超过银行机构上季末资本净额的10%。银行机构对单个关联法人或非法人组织所在集团客户的合计授信余额不得超过银行机构上季末资本净额的15%。

3. 操作

租赁公司想要获得银行给予的授信额度，一般需要先接受银行的准入评级，此后的授信工作往往需要以下步骤。

（1）授信申请

租赁公司有授信需求时，应该先确定办理授信的银行及相应的办理实际业务的分支机构；然后应该根据该银行的要求提出授信申请，并承诺所提供的资料合法有效。具体的资料清单后文将详述。

二、信贷市场筹资

（2）授信受理

银行在收到相关资料后，指定客户经理进行受理，根据租赁公司的情况设计授信方案的具体细节，经过沟通，敲定最终的授信方案。

（3）开立账户

敲定方案之后，租赁公司可以根据实际情况在银行开立一般存款账号。根据实际情况，最晚可以在授信后用信前开立账户。

（4）授信调查

银行在确定授信方案后，由客户经理进行调查。租赁公司需要配合银行开展现场和非现场尽职调查，并提供相应资料。客户经理一般需要分析借款人信用状况、财务状况、经营情况、担保能力等，综合评估借款人资信实力、经营能力和偿债能力等。客户经理根据现场和非现场尽职调查情况撰写调查报告，提出拟授信方案、出具调查结论并制定相关风险控制措施。其间租赁公司可能需要补齐资料工作，并与客户经理多次沟通，回答财务及经营等方面的问题。

（5）授信审查

银行前台业务部门完成调查工作后，经主管业务行长同意将业务流程提交至后台审查部门。银行审查部门根据调查报告、尽职调查资料，结合监管要求、信贷政策和制度进行综合评估，对授信主体、授信方案、风险评估、用信先决条件和管理要求提出审查意见。银行前台业务部门根据审查意见与租赁公司进行沟通反馈后，银行前后台部门就综合授信方案达成一致意见，提交至授信审批环节。

（6）授信审批

有权审批人按照"审贷分离、逐级审批"的原则，对综合授信方案（借款人、授信额度、授信品种、授信期限、使用方式、担保方式、定价水平等）进行审批。在授信方案获得批复之后，租赁公司结合自身实际需求，按照银行授信批复要求办理具体用信手续。

一般授信有效期为一年，租赁公司需要定期与银行完成授信重续。租赁公司需要在授信有效期到期日前完成续授信工作，银行会根据租赁公司经营发展变化视情况采取新增授信、存量续授信、压缩授信、余额授信、退出等几种措施，确保授信方案与租赁公司实际经营状况相匹配。

在授信过程中，不同银行对租赁公司需要提供的材料有着不同要求，对不同的贷款品种也会要求相应的补充材料。根据监管部门提示的资料清单，其包括但不限于以下内容：

（一）营业执照（副本及影印件）。

（二）法人代码证书（副本及影印件）。

（三）法定代表人身份证明及其必要的个人信息。

（四）近三年经审计的资产负债表、损益表、所有者权益变动表以及销量情况。成立不足三年的租赁公司，提交自成立以来年度的报表。

（五）本年度及最近月份存借款及对外担保情况。

（六）税务部门年检合格的税务登记证明和近两年税务部门纳税证明资料复印件。

（七）合同或章程（原件及影印件）。

（八）董事会成员和主要负责人、财务负责人名单和签字样本等。

（九）若为有限责任客户、股份有限客户、合资合作客户或承包经营客户，要求提供董事会或发包人同意申请授信业务的决议、文件或具有同等法律效力的文件或证明。

（十）股东大会关于利润分配的决议。

（十一）现金流量预测及营运计划。

（十二）授信业务由授权委托人办理的，需提供客户法定代表人授权委托书（原件）。

（十三）其他必要的资料（如海关等部门出具的相关文件等）。

对于中长期授信，还须有各类合格、有效的相关批准文件，预计资金来源及使用情况、预计的资产负债情况、损益情况、项目建设进度及营运计划。

案例一

2019年9月23日，平安银行（000001.SZ）公布，公司第十届董事会第二十八次会议审议通过了《关于与平安国际融资租赁有限公司关联交易的议案》，同意给予平安国际融资租赁有限公司（简称"平安租赁"）综合授信额度60亿元，其中：敞口金额50亿元，额度期限1年，单笔业务期限不超过3年，担保方式为应收融资租赁款质押；低风险授信额度10亿元，额度期限1年，担保方式为票据池质押。

案例二

2020年8月27日，北京银行（601169.SH）公布，2020年8月26日，本行董事会审议通过《关于对北银金融租赁有限公司关联授信的议案》，同意授予北银金融租赁有限公司（简称"北银金融租赁"）授信额度160亿元，业务品种由总行信用风险委员会核定，额度有效期1年；自本行股东大会审批通过之日起生效。

北银金融租赁是北京银行关联方，与其进行的交易构成关联交易。北京银行对北银金融租赁授信160亿元，超过其最近一期经审计净资产的5%。根据北京银行《关联交易管理办法》，已构成特别重大关联交易，经北京银行内部授权审批程序审查后，应提交关联交易委员会、董事会审批，并报股东大会进行最终审批。

4. 授信情况

通过整理公开数据，本书统计了36家金融租赁公司获得授信额度的情况，具体情况见表2-2。

表2-2 金融租赁公司授信情况[①]

公司名称	授信额度/亿元	授信额度截止时间
工银金融租赁有限公司	超5 000	2020年年末
建信金融租赁有限公司	4 881.00	2020年年末
交银金融租赁有限责任公司	7 300.00	2020年年末
招银金融租赁有限公司	4 000.00	2020年年末
兴业金融租赁有限责任公司	3 278.00	2020年年末
浦银金融租赁股份有限公司	2 694.00	2021年6月末
光大金融租赁股份有限公司	2 387.00	2020年年末
华夏金融租赁有限公司	2 307.34	2020年年末
华融金融租赁股份有限公司	2 156.28	2020年年末
农银金融租赁有限公司	1 854.85	2020年年末

---

① 授信数据源于租赁公司的债券募集说明书、评级报告。

表2-2（续）

公司名称	授信额度/亿元	授信额度截止时间
昆仑金融租赁有限责任公司	1 700.00	2020年年末
苏银金融租赁股份有限公司	1 644.58	2020年年末
长城国兴金融租赁有限公司	1 508.40	2020年年末
太平石化金融租赁有限责任公司	1 477.10	2020年年末
江苏金融租赁股份有限公司	1 385.14	2020年年末
永赢金融租赁有限公司	1 344.86	2021年3月末
徽银金融租赁有限公司	1 146.33	2020年年末
信达金融租赁有限公司	1 049.11	2021年6月末
北银金融租赁有限公司	1 004.25	2020年年末
渝农商金融租赁有限责任公司	836.59	2021年6月末
中铁建金融租赁有限公司	835.17	2020年年末
河北省金融租赁有限公司	832.78	2020年年末
浙江浙银金融租赁股份有限公司	737.60	2020年年末
湖北金融租赁股份有限公司	超700.00	2020年年末
江西金融租赁有限公司	632.01	2020年年末
洛银金融租赁有限公司	622.09	2020年年末
珠江金融租赁有限公司	509.64	2020年年末
佛山海晟金融租赁股份有限公司	495.05	2021年6月末
山东汇通金融租赁有限公司	490.00	2021年3月末
苏州金融租赁股份有限公司	485.05	2020年年末
河南九鼎金融租赁股份有限公司	477.47	2020年年末
重庆鈊渝金融租赁有限公司	460.00	2020年年末
冀银金融租赁股份有限公司	428.89	2020年年末
四川天府金融租赁股份有限公司	311.70	2020年年末
浙江稠州金融租赁有限公司	254.62	2020年年末
福建海西金融租赁有限责任公司	205.30	2020年年末

二、信贷市场筹资

通过整理公开数据，本书统计了26家融资租赁公司获得授信额度的情况，具体情况见表2-3。

表2-3 融资租赁公司授信情况

公司名称	授信额度/亿元	授信额度截至时间
渤海租赁股份有限公司	2 744.86	2021年3月末
国网国际融资租赁有限公司	2 077.35	2021年9月末
远东国际融资租赁有限公司	1 810.11	2021年9月末
平安国际融资租赁有限公司	1 702.26	2021年9月末
中航国际租赁有限公司	1 194.90	2021年9月末
海通恒信国际融资租赁股份有限公司	1 020.84	2021年9月末
芯鑫融资租赁有限责任公司	1 042.03	2021年3月末
中交融资租赁有限公司	886.20	2021年6月末
中电投融和融资租赁有限公司	784.21	2021年9月末
中建投租赁股份有限公司	729.81	2021年6月末
招商局通商融资租赁有限公司	639.75	2021年9月末
华能天成融资租赁有限公司	617.14	2021年9月末
中国康富国际租赁股份有限公司	598.75	2020年年末
中国环球租赁有限公司	507.90	2021年9月末
国新融资租赁有限公司	500.88	2021年6月末
华电融资租赁有限公司	459.33	2021年9月末
国药控股（中国）融资租赁有限公司	413.16	2021年3月末
一汽租赁有限公司	469.00	2021年9月末
大唐融资租赁有限公司	397.45	2021年9月末
广州越秀融资租赁有限公司	342.46	2021年6月末
中飞租融资租赁有限公司	362.00	2021年3月末
国能融资租赁有限公司	324.00	2021年9月末
中核融资租赁有限公司	328.30	2021年6月末
中远海运租赁有限公司	342.72	2021年9月末
华润融资租赁有限公司	333.19	2021年3月末
狮桥融资租赁（中国）有限公司	323.17	2021年3月末

(二) 同业拆借

1. 政策目录

1986年1月，原国家经济体制改革委员会、人民银行召开金融体制改革工作会议，在会上正式提出开放和发展同业拆借市场。2007年，人民银行颁布了《同业拆借管理办法》，之后，我国又通过多个文件的发布进一步完善了同业拆借的运行体系。涉及的文件情况见表2-4。

表2-4 同业拆借相关的政策文件情况

施行时间	文件名称	发布机构
2007-8-6	《同业拆借管理办法》（中国人民银行令〔2007〕第3号）	人民银行
2011-3-25	关于印发《中国外汇交易中心（全国银行间同业拆借中心）业务监督管理规则》的通知（银发〔2011〕74号）	人民银行
2015-10-1	关于修改《中华人民共和国商业银行法》的决定（主席令第三十四号）	全国人大常务委员会
2016-8-9	关于发布《全国银行间同业拆借市场业务操作细则》的通知（中汇交发〔2016〕347号）	同业拆借中心

2. 定义及特点

《同业拆借管理办法》中规定，同业拆借是指经中国人民银行批准进入全国银行间同业拆借市场的金融机构之间，通过全国统一的同业拆借网络进行的无担保资金融通行为。该办法中明确规定包括金融租赁公司在内的十六类金融机构可以向中国人民银行申请进入同业拆借市场。

我国统一的银行间同业拆借交易系统于1996年1月3日开始试运行，同年6月正式开通。

《同业拆借管理办法》规定，申请进入同业拆借市场的金融机构应当具备以下条件：

（一）在中华人民共和国境内依法设立；

（二）有健全的同业拆借交易组织机构、风险管理制度和内部控制制度；

（三）有专门从事同业拆借交易的人员；

（四）主要监管指标符合中国人民银行和有关监管部门的规定；

（五）最近两年未因违法、违规行为受到中国人民银行和有关监管部门处罚；

（六）最近两年未出现资不抵债情况；

（七）中国人民银行规定的其他条件。

2016年8月9日，全国银行间同业拆借中心发布了《全国银行间同业拆借市场业务操作细则》，自公布之日起实施。该细则进一步明确了金融机构进入全国银行间同业拆借市场相关流程和事中、事后监管要求，同业拆借从注册制走向了备案制，符合《同业拆借管理办法》规定条件的金融机构可以直接向交易中心提交联网材料。金融租赁公司进入银行间拆借市场的办理流程更加简化。

金融租赁公司通过同业拆借融入资金具有以下特点和要求：

（1）同业拆借占用同业授信额度，无抵押；

（2）同业拆借交易以询价方式进行自主谈判、逐笔成交；

（3）同业拆借利率由交易双方自行商定；

（4）金融租赁公司拆入资金的最长期限为3个月，≤92天；

（5）同业拆借到期后不得展期；

（6）金融租赁公司的最高拆入限额和最高拆出限额均不超过该机构实收资本的100%。

一般来说，同业拆借利率是在上海银行间同业拆放利率（Shanghai Interbank Offered Rate，Shibor）基础上由交易双方协商确定。

Shibor是由信用等级较高的银行自主报出的人民币同业拆出利率计算确定的算术平均利率，是单利、无担保、批发性利率。全国银行间同业拆借中心授权为Shibor的指定发布人。Shibor包括隔夜、1周、2周、1个月、3个月、6个月、9个月及1年八个品种。利率品种代码按期限长短排列为O/N、1W、2W、1M、3M、6M、9M、1Y（O/N代表隔夜，W代表周，M代表月，Y代表年）。2020年1月—2021年12月Shibor走势如图2-1所示。

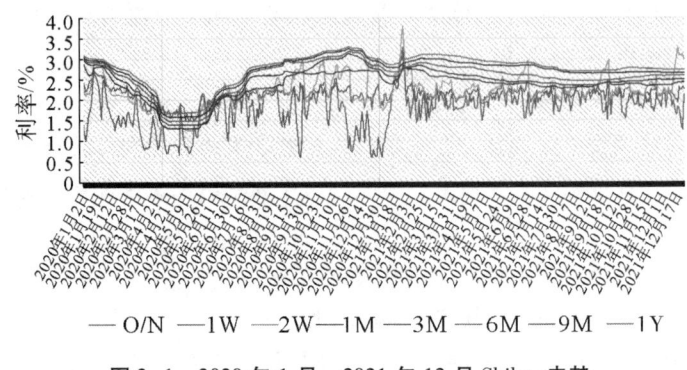

图 2-1　2020 年 1 月—2021 年 12 月 Shibor 走势

对于拆借的资金用途，《中华人民共和国商业银行法》中对于商业银行的同业拆借业务有明确规定：禁止利用拆入资金发放固定资产贷款或者用于投资。拆出资金限于交足存款准备金、留足备付金和归还中国人民银行到期贷款之后的闲置资金。拆入资金用于弥补票据结算、联行汇差头寸的不足和解决临时性周转资金的需要。

金融租赁公司拆入资金用途虽没有明确规定，但在监督管理时"比照商业银行执行"，金融租赁公司使用同业拆借筹集的资金时需要牢牢把握住合规风险。

3. 操作

开展同业拆借业务时，金融租赁公司首先需要进入同业拆借市场。截至 2021 年年末，共有 66 家金融租赁公司成为全国银行间同业拆借中心成员。

根据规定，满足基本条件的金融租赁公司进入同业拆借市场，应向全国银行间同业拆借中心提交以下材料，所有材料均应加盖本机构公章：

（一）全国银行间同业拆借中心拆借市场业务联网信息表；

（二）金融许可证（副本复印件）；

（三）营业执照（副本复印件）；

（四）最近两个年度的资产负债表和损益表；

（五）全国银行间同业拆借中心拆借市场成员财务数据基本情况表；

（六）本机构符合《同业拆借管理办法》第七条、第八条规定的说明；

（七）同业拆借中心要求的其他材料。

二、信贷市场筹资

《同业拆借管理办法》第七条、第八条即为前文所述的金融机构进入同业拆借市场的基本条件。

在报送注册材料之后,同业拆借中心对上述材料进行核对,材料齐全的,在五个工作日内完成联网手续。材料有部分缺失或有误的,同业拆借中心将在三个工作日内告知机构进行补充提交。

当金融租赁公司用于计算拆借限额的财务指标发生变化时,可向同业拆借中心提交最新财务指标及相关财务报表,由同业拆借中心按《同业拆借管理办法》规定计算新的拆借限额。

金融租赁公司获得同业拆借市场资格并且成功联网之后可以开展同业拆借业务,通过同业拆借业务筹措资金。但是在实际业务中,金融租赁公司还需要在事前获取资金拆出方的授信。在进入资金拆出方统一授信体系中后,才可以通过线上 CFETS 交易平台筹得资金。在授信范围内由银行向金融租赁公司提供从隔夜拆借至 3 个月区间范围的融资业务品种,通过银行间同业拆借市场进行,拆借利率根据资金供求情况及一定期间的市场利率水平确定,资金清算以转账方式进行,拆借资金当日到账。以工商银行为例,其开展同业拆借业务的操作流程如图 2-2 所示。

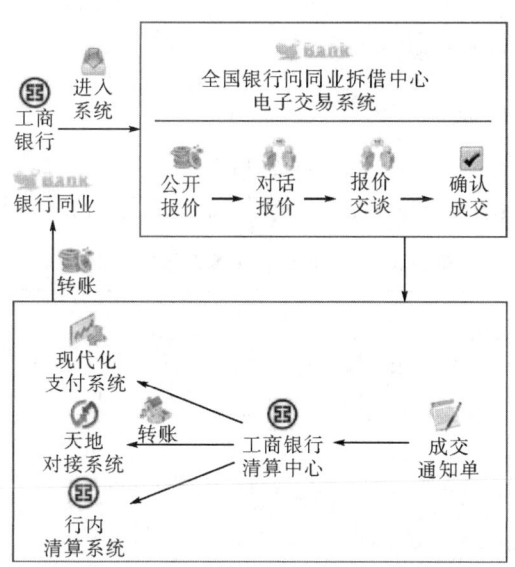

图 2-2 工商银行同业拆借业务的操作流程

来源:工商银行官网。

银行同业与该银行通过电子交易系统进行自主报价、格式化询价并最后确认成交即可达成交易。交易系统打印的成交通知单是反映双方交易的具有法律效力的合同文件，银行与银行同业根据成交单的内容，本着自主清算、自担风险的原则，通过双方在中国人民银行开立的备付金存款账户进行资金清算。该银行承诺向银行同业拆出的资金当日即可到账。

案例

航天科工金融租赁有限公司于2019年4月22日正式成为全国银行间同业拆借市场成员，获准参与人民币同业拆借交易，公司人民币同业拆借最高拆入、拆出资金限额30亿元，拆入资金最长期限为92天。获得该资质后，公司积极进行系统对接、向同业申请授信以及建立双边授信等工作。2019年5月16日，航天科工金融租赁有限公司通过全国银行间同业拆借中心交易系统平台，成功办理首笔人民币同业拆入业务，拆借交易对手方为汉口银行，拆入金额5 000万元，期限为29天，拆入利率参考Shibor利率执行。

（三）同业借款

1. 政策目录

同业借款实际上包含了同业拆借在内，但其范围更大，一般情况所称的同业借款专指场外交易情况。涉及同业借款的文件情况见表2-5。

表2-5　同业借款相关的政策文件情况

施行时间	文件名称	发布机构
2013-1-1	《商业银行资本管理办法（试行）》（中国银行业监督管理委员会令2012年第1号）	原银监会
2014-4-24	《关于规范金融机构同业业务的通知》（银发〔2014〕127号）	人民银行、原银监会、证监会、原保监会、外汇局

表2-5(续)

施行时间	文件名称	发布机构
2014-5-8	《关于规范商业银行同业业务治理的通知》(银监办发〔2014〕140号)	原银监会
2020-8-3	《标准化债权类资产认定规则》(人民银行 银保监会 证监会 外汇局〔2020〕第5号)	人民银行、银保监会、证监会、外汇局

2. 定义及特点

依据人民银行、原银监会、证监会、原保监会、外汇局于2014年联合印发的《关于规范金融机构同业业务的通知》，同业借款是指现行法律法规赋予此项业务范围的金融机构开展的同业资金借出和借入业务。同业借款相关款项在拆出和拆入资金会计科目核算。

同业借款是金融机构同业融资业务中的重要一类，也是金融租赁公司最为主要的资金获取渠道，部分公司同业借款能占到总负债的80%。该类业务的特点如下：

（1）融资期限较长。同业借款期限最长不超过3年，业务到期后不得展期。

（2）同业借款没有全国统一的交易网络，银行与同业客户通过线下签订书面借款合同约定具体交易要素、权利和义务。

（3）交易要素灵活。同业借款业务由交易双方以询价方式协商确定，自主谈判、逐笔成交。利率水平受市场资金供求变化、客户资质、融资策略等多种因素的影响。

对于同业借款额度，监管规定：单家商业银行对单一金融机构法人的不含结算性同业存款的同业融出资金，扣除风险权重为零的资产后的净额，不得超过该银行一级资本的50%。其中，一级资本、风险权重为零的资产按照2013年开始施行的《商业银行资本管理办法（试行）》的有关要求计算。

《商业银行资本管理办法（试行）》中明确商业银行各类资产的风

险权重,对商业银行债权的风险权重为25%,其中原始期限三个月以内(含)债权的风险权重为20%,对金融租赁公司债权的风险权重为100%。

3. 操作

(1) 在采用同业借款前需要获取金融机构的同业授信,之后可在同业借款授信额度内向银行办理同业借款,并向银行提供相应的补充材料(如有)。

(2) 金融租赁公司需要在该银行开立资金结算账户,用于借款资金的划拨(一般此项工作于授信阶段已经完成)。

(3) 金融租赁公司根据资金需求情况向银行总行相关部门(一般是金融市场部、金融同业部、资产管理部等)或者有权分支机构提出同业借款需求,咨询并确定具体交易金额、期限、价格等要素。

(4) 银行经过内部审批流程逐级决策该笔同业借款,针对交易期限、额度、客户资质等情况进行业务综合审查。

(5) 在银行核定的同业融资专项授信额度和合同有效期内,由金融租赁公司发起交易申请,并签订相关协议。

(6) 银行在提款日按照双方约定的借款利率,将资金划拨至同业客户指定账户,借款期限内按照协议约定的条款按还款计划结息。银行跟踪金融租赁公司的财务状况、还款能力及运营状况。

(7) 借款到期日,金融租赁公司及时将本金及利息划入借款协议约定的账户。如发生逾期,同业借款不可展期,银行根据具体情况进行授信回收或处置工作。

实践中,不同银行的办理流程也各不相同。以国家开发银行为例,金融租赁公司于国家开发银行办理授信并以同业借款筹集资金的流程是:金融租赁公司向注册地或经营总部所在地国家开发银行经办分支机构提出同业借款业务申请,国家开发银行经办分支机构对客户提供的全部资料进行审查后完成对金融租赁公司的评级和授信,对信用等级为A-(含)以上的金融租赁公司开展同业借款业务。双方签订金融租赁公司同业借款合同,按照金融租赁公司同业借款合同约定事项进行资金发放、贷后管理并收取管理手续费。基本的办理流程如图2-3所示。

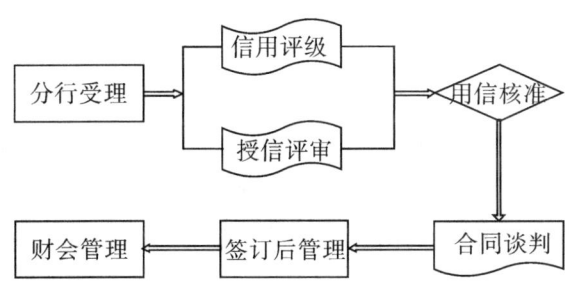

图 2-3　银行办理同业借款业务基本流程

来源：国家开发银行官网。

案例

山东汇通金融租赁有限公司于 2015 年 12 月成立，自企业筹建之初，农行山东省济南和平支行便积极介入，率先出具同业融资方案全方位对接需求。在农行山东省分行及营业部领导的大力支持下，三级行联动协作，从开户、授信、准入到最终放款，各个环节步步紧盯，成功为其核定授信，并纳入同业客户准入名单。2016 年 11 月 17 日，山东汇通金融租赁有限公司成功在农行提取首笔同业借款 3 亿元。

（四）流动资金贷款

1. 政策目录

开展流动资金贷款业务主要参照《流动资金贷款管理暂行办法》的相关规定，见表 2-6。

表 2-6　流动资金贷款相关政策文件情况

施行时间	文件名称	发布机构
2010-2-12	《流动资金贷款管理暂行办法》（中国银行业监督管理委员会令 2010 年第 1 号）	原银监会

2. 定义及特点

根据《流动资金贷款管理暂行办法》，流动资金贷款是指贷款人向企

（事）业法人或国家规定可以作为借款人的其他组织发放的用于借款人日常生产经营周转的本外币贷款。

流动资金贷款业务涉及两个主体，其中贷款人是指经中国银行业监督管理委员会批准设立的银行业金融机构，另一方则是借入的金融租赁公司或融资租赁公司，即借款人（流贷承接主体多为融资租赁公司）。在流动资金贷款业务中，贷款人是主要受监管的主体。

《流动资金贷款管理暂行办法》规定：

贷款人应将流动资金贷款纳入对借款人及其所在集团客户的统一授信管理，并按区域、行业、贷款品种等维度建立风险限额管理制度。流动资金贷款不得用于固定资产、股权等投资，不得用于国家禁止生产、经营的领域和用途。流动资金贷款不得挪用，贷款人应按照合同约定检查、监督流动资金贷款的使用情况。

在实际业务中，流动资金贷款的期限一般较短。多数银行将流动资金贷款按照期限不同，分为短期流动资金贷款和中期流动资金贷款；按照贷款使用方式/授信性质不同，也可分为一般流动资金贷款和可循环流动资金贷款；按担保方式不同，可分为担保贷款和信用贷款。

短期流动资金贷款的期限一般为一年期以内。中期流动资金贷款的期限一般为一年期至三年期。可循环流动资金贷款指银行与借款人一次性签订循环使用借款合同，在合同规定的期限和额度内，允许借款人多次提款、多次还款、提款和还款可以交叉。信用贷款指银行与借款人签订借款合同后，按合同规定的期限和额度完成提款和还款，提款和还款不允许交叉。担保贷款又分保证、抵押和质押等形式。

流动资金贷款作为一种高效实用的融资手段，属于授信额度内最普遍的产品之一，具有贷款期限短、手续简便、周转性较强、融资成本较低的特点。

3. 操作

在银行授信额度和品种内，租赁公司（一般不包含金融租赁）可申请办理流动资金贷款。具体到流动资金贷款业务，根据监管规定流动资金贷款申请应具备以下条件：

（一）借款人依法设立；

（二）借款用途明确、合法；

（三）借款人生产经营合法、合规；

（四）借款人具有持续经营能力，有合法的还款来源；

（五）借款人信用状况良好，无重大不良信用记录；

（六）贷款人要求的其他条件。

实际业务中，某国有银行对于借款人的准入要求为：

（1）借款人应是经工商行政管理机关（或主管机关）核准登记的企业、事业法人及其他经济组织，拥有工商行政部门颁发的营业执照，并通过年检。

（2）借款人须经该银行信用评级，并达到一定级别要求。该银行会根据评审的需要不定期调整确定准入级别，该级别应参照有关规定执行。

（3）借款的用途符合国家产业政策和有关法规。

（4）借款人具有健全的经营管理机构、合格的领导班子及严格的经营管理制度；企业经营、财务和信用状况良好，具有按时偿还贷款本息的能力。

（5）有银行认可的担保单位提供保证或抵（质）押担保。

（6）借款人在该银行开立基本账户或一般账户。

（7）符合该银行其他有关贷款政策要求。

以某国有银行为例，租赁公司申请流动资金贷款时需要提交书面申请以及下列材料：

（1）注册登记或批准成立的有关文件及其最新有效的年检证明。

（2）经年检的组织机构代码证，有效的税务登记证及近期的纳税证明，法定代表人身份有效证明或法定代表人授权的委托书。

（3）企（事）业章程或合资、合作的合同或协议，验资证明。

（4）公司章程对办理信贷业务有限制的，需提供章程要求的股东会或董事会决议或其他文件。

（5）近三年年度财务报告及最近一期财务报表，成立不足三年的，提交成立以来的年度财务报告及最近一期财务报表。银行认为有必要的，应提供经审计的财务报告。

（6）印鉴卡、法定代表人及授权代理人签字式样。

(7) 采取担保方式的，还应提供担保相关资料。

(8) 资金用途材料等反映客户资金需求的凭证、资料，进出口批文及批准使用外汇的有效文件。

(9) 其他资料。

租赁公司向银行申请借款时，应提供以上规定的有关贷款申请材料，并保证材料的真实性和有效性。银行会按照相关规定开展尽职调查、项目评审，视具体情况提交贷款委员会审议。

同时，根据监管规定，贷款人应采取现场与非现场相结合的形式履行尽职调查，形成书面报告，并对其内容的真实性、完整性和有效性负责。尽职调查包括但不限于以下内容：

（一）借款人的组织架构、公司治理、内部控制及法定代表人和经营管理团队的资信等情况；

（二）借款人的经营范围、核心业务、生产经营、贷款期内经营规划和重大投资计划等情况；

（三）借款人所在行业状况；

（四）借款人的应收账款、应付账款、存货等真实财务状况；

（五）借款人营运资金总需求和现有融资性负债情况；

（六）借款人关联方及关联交易等情况；

（七）贷款具体用途及与贷款用途相关的交易对手资金占用等情况；

（八）还款来源情况，包括生产经营产生的现金流、综合收益及其他合法收入等；

（九）对有担保的流动资金贷款，还需调查抵（质）押物的权属、价值和变现难易程度，以及保证人的保证资格和能力等情况。

对于审议通过的项目，银行将与租赁公司签署贷款协议。租赁公司确认提款并办妥贷款发放的有关手续后，银行向租赁公司账户拨付资金。银行会在贷款合同规定的还款期之前，书面通知租赁公司到期应付的本息金额和利率，租赁公司据此进行资金筹划并于规定时间还本付息。

实际业务中，在进行流贷提款的时候，一方面需要把用款项目的相关资料和书面借款申请、贷款决议（根据公司章程记载的有权决策机构所出具）、预留印鉴等提交给银行业务部门；另一方面要提供授信批复和单笔流贷批复要求落实的放款先决条件证明材料，例如要求担保的，放款前需要签署担保合同、实地核保材料，需要办理抵押的就提供抵押合同和权证；需要办理租赁登记的留存人行动产统一登记平台的证明材料等。

案例

惠新融资租赁（天津）有限公司向银行申请一笔金额为2 943万元的流动资金贷款，期限为两年。该笔贷款用于购买60台北汽福田汽车股份有限公司所生产的LNG清洁能源客车，购买后全部租赁给北京凯捷风公交客运有限责任公司。

授信主体：惠新融资租赁（天津）有限公司

业务模式：租赁公司信用贷款+北汽福田回购担保+车辆抵押+资金封闭运行

由于该笔业务有北汽福田做回购担保，且购买车辆全部抵押给银行，所以银行认为该笔信贷业务风险可控。银行提出的最终授信方案见表2-7。

表2-7 授信方案

类型	内部授信额度	授信方式	单笔单批额度		
授信额度/万元	2 943.00	授信期限/月	24		
授信品种	币种	金额/万元	保证金比例	期限/月	用途	收益
流动资金贷款	人民币	2 943.00		24	用于企业的一般性周转	银行可以获得可观的利息收入
贷款性质	新增	本次授信敞口/万元	2 943.00		
担保方式	信用				

（五）固定资产贷款

1. 政策目录

开展固定资产贷款业务主要参照《固定资产贷款管理暂行办法》的相关规定，见表2-8。

表2-8 固定资产贷款相关政策文件情况

施行时间	文件名称	发布机构
2009-7-23	《固定资产贷款管理暂行办法》（中国银行业监督管理委员会令2009年第2号）	原银监会

2. 定义及特点

根据《固定资产贷款管理暂行办法》，固定资产贷款是指贷款人向企（事）业法人或国家规定可以作为借款人的其他组织发放的，用于借款人固定资产投资的本外币贷款。

贷款人为经国务院银行业监督管理机构批准设立的银行业金融机构。金融租赁公司、融资租赁公司均可以作为固定资金贷款的借款人。按照国家统计部门的口径，全社会固定资产投资包括基本建设投资、更新改造投资、房地产开发投资以及其他固定资产投资四大类。

在实际业务中，因融资租赁的行业特点，固定资产贷款同融资租赁行业的适配性不高。固定资产贷款根据项目运作方式和还款来源不同分为项目融资和一般固定资产贷款；按期限不同分为短期固定资产贷款、中期固定资产贷款和长期固定资产贷款；按照资金用途则可分为以下几类：

（1）基本建设贷款，指经国家有权部门批准的基础设施、市政工程、服务设施和新建或扩建生产性工程等活动；

（2）技术改造贷款，用于现有企业以扩大再生产为主的技术改造项目；

（3）科技开发贷款，指用于新技术和新产品的研制开发并将开发成果向生产领域转化或应用的活动；

（4）其他固定购置贷款，指不自行建设，直接购置生产、仓储、办公等用房或设施的活动。

固定资产贷款具有以下特点：

（1）一般贷款金额较大；

（2）一般期限较长，大都为中期或长期贷款且大部分采取分期偿还；

（3）在贷款保障方式上，除了要求提供必要的担保外，一般要求以项目新增固定资产作抵押；

（4）在贷款方法上，一般采用逐笔申请、逐笔审核。

固定资产贷款与流动资金贷款的区别见表2-9。

表2-9 固定资产贷款与流动资金贷款的区别

项目	固定资产贷款	流动资金贷款
用途	解决企业固定资产投资活动的资金需求	满足企业中、短期的资金需求
期限	1~5年的中期贷款或5年以上的长期贷款	1年以内的短期贷款或1~3年期的中期贷款
审核方式	逐笔申请逐笔审核	逐笔申请、逐笔审核或在银行规定时间及限额内随借、随用、随还的流动资金贷款额度
还款来源	项目竣工验收投产后的现金或企业自有资金	主要为企业经营收入
风险	外部影响因素多，不确定性和不稳定性因素多，风险较大	集中在借款人、担保人或抵（质）押的风险
收益	长期、稳定收益	短中期收益

3. 操作

根据监管规定，贷款人受理的固定资产贷款申请应具备以下条件：

（一）借款人依法经工商行政管理机关或主管机关核准登记；

（二）借款人信用状况良好，无重大不良记录；

（三）借款人为新设项目法人的，其控股股东应有良好的信用状况，无重大不良记录；

（四）国家对拟投资项目有投资主体资格和经营资质要求的，符合其要求；

（五）借款用途及还款来源明确、合法；

（六）项目符合国家的产业、土地、环保等相关政策，并按规定履行了固定资产投资项目的合法管理程序；

（七）符合国家有关投资项目资本金制度的规定；

（八）贷款人要求的其他条件。

实际业务中，某国有银行对于借款人项目的申请条件为：

（1）持有经工商行政部门年检合格的企业营业执照，事业法人应持有法人资格证明文件；

（2）持有中国人民银行核发的贷款证/卡；

（3）借款申请人经济效益好，信用状况佳，偿债能力强，管理制度完善；

（4）落实该银行认可的担保；

（5）在该银行开立基本账户或一般存款户；

（6）固定资产贷款项目符合国家产业政策、信贷政策；

（7）具有国家规定比例的资本金；

（8）项目经政府有关部门审批通过，配套条件齐备，进口设备、物资货源落实；

（9）申请外汇固定资产贷款的，须持有进口证明或登记文件。

以某国有银行为例，租赁公司向该行申请固定资产贷款时需要提交书面申请、基本情况、生产经营、财务资料、项目经济效益分析、用还款计划以及下列材料：

（1）使用政府投资的项目，提供有权部门同意立项的批准文件；需政府核准的项目，提供有权部门核准文件；对需要提供可行性研究报告的，提供有相应资质的机构出具的可行性研究报告及批复文件；需主管部门审批同意的投资项目，提供主管部门批准文件；

（2）涉及环保的，提供环保评价报告及批准文件等；

（3）涉及用地的，提供建设用地合法手续的证明材料；

（4）资本金和其他建设、生产资金筹措方案及落实资金来源的证明材料；

（5）担保的有关资料；

（6）固定资产贷款调查评估需要的其他资料。

根据监管规定，贷款人应采取现场与非现场相结合的形式履行尽职调查，形成书面报告，并对其内容的真实性、完整性和有效性负责。尽职调查包括但不限于以下内容：

（一）借款人及项目发起人等相关关系人的情况；
（二）贷款项目的情况；
（三）贷款担保情况；
（四）需要调查的其他内容。

对于审议通过的项目，银行将与租赁公司签署贷款协议。租赁公司确认提款并办妥贷款发放的有关手续后，银行向租赁公司拨付资金。银行会在贷款合同规定的还款期之前，书面通知租赁公司到期应付的本息金额和利率，租赁公司据此进行资金筹划并于规定时间还本付息。

（六）银团贷款

1. 政策目录

开展银团贷款业务主要参照《银团贷款业务指引（2011年修订）》的相关规定，见表2-10。

表2-10 银团贷款相关政策文件情况

施行时间	文件名称	发布机构
2011-8-1	《银团贷款业务指引（2011年修订）》（银监发〔2011〕85号）	原银监会

2. 定义及特点

根据《银团贷款业务指引（2011年修订）》规定，银团贷款是指由两家或两家以上银行基于相同贷款条件，依据同一贷款合同，按约定时间和比例，通过代理行向借款人提供的本外币贷款或授信业务。

参与银团贷款的银行均为银团成员。按照在银团贷款中的职能和分工，银团成员通常分为牵头行、代理行和参加行等角色，也可根据实际规模与需要在银团内部增设副牵头行、联合牵头行等，并按照银团贷款合同履行相应职责。

银团贷款牵头行是指经借款人同意，负责发起组织银团、分销银团贷款份额的银行。牵头行的主要任务是发起贷款业务，并且负责分配贷款份额，尽职调查，谈判条件等。而代理行主要负责开展贷后管理、处理违约情形等。

牵头行主要履行以下职责：

（一）发起和筹组银团贷款，分销银团贷款份额；

（二）对借款人进行贷前尽职调查，草拟银团贷款信息备忘录，并向潜在的参加行推荐；

（三）代表银团与借款人谈判确定银团贷款条件；

（四）代表银团聘请相关中介机构起草银团贷款法律文本；

（五）组织银团成员与借款人签订书面银团贷款合同；

（六）银团贷款合同确定的其他职责。

银团代理行是指银团贷款合同签订后，按相关贷款条件确定的金额和进度归集资金向借款人提供贷款，并接受银团委托按银团贷款合同约定进行银团贷款事务管理和协调活动的银行。

代理行主要职责包括：

（一）审查、督促借款人落实贷款条件，提供贷款或办理其他授信业务；

（二）办理银团贷款的担保抵押手续，负责抵（质）押物的日常管理工作；

（三）制定账户管理方案，开立专门账户管理银团贷款资金，对专户资金的变动情况进行逐笔登记；

（四）根据约定用款日期或借款人的用款申请，按照银团贷合同约定的承贷份额比例，通知银团成员将款项划到指定账户；

（五）划收银团贷款本息和代收相关费用，并按承贷比例和银团贷款合同约定及时划转到银团成员指定账户；

（六）根据银团贷款合同，负责银团贷款资金支付管理、贷后管理和贷款使用情况的监督检查，并定期向银团成员通报；

（七）密切关注借款人财务状况，对贷款期间发生的企业并购、股权分红、对外投资、资产转让、债务重组等影响借款人还款能力的重大事项，在借款人通知后按银团贷款合同约定尽早通知各银团成员；

（八）根据银团贷款合同，在借款人出现违约事项时，及时组织银团成员对违约贷款进行清收、保全、追偿或其他处置；

（九）根据银团贷款合同，负责组织召开银团会议，协调银团成员之间的关系；

（十）接受各银团成员不定期的咨询与核查，办理银团会议委托的其他事项等。

银团贷款服务的企业多为资金需求量较大的企业，采取银团贷款的模式，既能为企业注入充足的资金，又能降低银行的资金风险。

《银团贷款业务指引（2011年修订）》指出，有下列情形之一的大额贷款，鼓励采取银团贷款方式：

（一）大型集团客户、大型项目融资和大额流动资金融资；

（二）单一企业或单一项目融资总额超过贷款行资本净额10%的；

（三）单一集团客户授信总额超过贷款行资本净额15%的；

（四）借款人以竞争性谈判选择银行业金融机构进行项目融资的。

根据组织方式的不同，银团贷款可分为直接银团贷款和间接银团贷款。直接银团贷款指的是由银团成员委托代理银行向借款人发放、收回和管理相应贷款，这也是国际通用的贷款方式。间接银团贷款指的是由主要银行向借款人发放贷款，再由主要银行把贷款份额转售给其他参与银行，但该项贷款的管理、放款和收款工作还是由主要银行来负责。

银团贷款的特点如下：

（1）一致性：成员行之间基于相同的贷款条件，使用同一贷款协议；

（2）独立性：独立评审、独立执行；

（3）统一管理：代理行统一负责合同的执行和管理；

（4）比例共享：收益分享，风险分摊。

对于租赁公司来说，银团贷款具有贷款金额较大、贷款期限较长（一般3~8年，甚至长达10年）、贷款形式多样等优势。

3. 操作

根据规定，银团贷款可由借款人或银行发起，既可由租赁公司作为借款人主动发起，也可由银行发起。牵头行与借款人谈妥银团贷款的初步条件，并获得借款人签署的银团贷款委任书。

作为牵头行，将按照授信工作尽职的相关要求，对借款人或贷款项目进行贷前尽职调查，并在此基础上与借款人进行前期谈判，商谈贷款的用途、额度、利率、期限、担保形式、提款条件、还款方式和相关费用等，并据此编制银团贷款信息备忘录。

银团贷款信息备忘录内容主要包括：银团贷款的基本条件、借款人的法律地位及概况、借款人的财务状况、项目概况及市场分析、项目财务现金流量分析、担保人和担保物介绍、风险因素及避险措施、项目的准入审批手续及有资质环保机构出具的环境影响监测评估文件等。

牵头行还可以聘请外部中介机构如会计师事务所、资产评估事务所、律师事务所及相关技术专家负责评审编写有关信息及资料、出具意见书。

牵头行在与借款人达成协商后，将向潜在参加行发出银团贷款邀请函，并随附贷款条件清单、信息备忘录、保密承诺函、贷款承诺函等文件。

达成一致后，银团成员与借款人、担保人根据有关法律法规，经过协商后共同签订银团贷款合同。

银团贷款合同应当包括以下主要条款：

（一）当事人基本情况；

（二）定义及解释；

（三）与贷款有关的约定，包括贷款金额与币种、贷款期限、贷款利率、贷款用途、支付方式、还款方式及还款资金来源、贷款担保组合、贷款展期条件、提前还款约定等；

（四）银团各成员承诺的贷款额度及贷款划拨的时间；

（五）提款先决条件；

（六）费用条款；

（七）税务条款；

（八）财务约束条款；

（九）非财务承诺，包括资产处置限制、业务变更和信息披露等条款；

（十）违约事件及处理；

（十一）适用法律；

（十二）其他约定及附属文件。

签署协议后，银团成员按照银团贷款合同的约定，及时足额划付贷款款项，履行合同规定的职责和义务。借款人则按照银团贷款合同的约定,保证贷款用途,及时向代理行划转贷款本息,如实向银团成员提供有关情况。

案例一

2017年11月,珠江金融租赁有限公司宣布成功获得5亿元三年期定期银团贷款。本次银团贷款由富邦华一银行牵头并担任簿记行,承贷1.83亿元;玉山银行担任牵头行,承贷1.5亿元;另有韩国产业银行、彰化商业银行、合作金库商业银行作为参贷行承接部分贷款。本次银团贷款预计筹组4.5亿元,实际贷款总额5亿元,获超额认购。利率最终确定为央行三年期基准贷款利率上浮5%,平均贷款年限2.75年,综合收益为央行三年期基准利率上浮8.5%。

案例二

2019年12月20日,招商局融资租赁(香港)控股有限公司作为借款人,招商局通商融资租赁有限公司作为担保人的美元银团贷款签约仪式举行。该笔银团贷款由中国农业银行香港分行、中信银行(国际)和汇丰银行牵头安排行及簿记行,浦发银行(香港)等八家境外银行作为参与行共同组建,总额度共计3.1亿美元,期限为1+1年,银团在原有1.8亿美元额度的基础上,获得超额认购2.86倍。

4. 银团贷款情况

据不完全统计,2021年4家金融租赁公司共获得约43.62亿人民币的银团贷款;11家融资租赁公司共获得约191.49亿人民币的银团贷款。具体情况见表2-11。

表2-11　2021年部分金融租赁公司/融资租赁公司获得银团贷款情况

公司名称	银团金额/亿人民币	期限/年
成渝融资租赁有限公司	1.9亿人民币	3
上海易鑫融资租赁有限公司	2.4亿人民币	2
弘创融资租赁有限公司	4亿人民币	—
台新融资租赁(中国)有限公司	5亿人民币	3
台骏国际租赁有限公司	6亿人民币	3

表2-11(续)

公司名称	银团金额/亿人民币	期限/年
前海兴邦金融租赁有限责任公司	7.2亿人民币	—
中国康富国际租赁股份有限公司	7.3亿人民币	—
裕融租赁有限公司	7.6亿人民币	3
信达金融租赁有限公司	8亿人民币	2
光大金融租赁股份有限公司	8亿人民币	3
仲利国际租赁有限公司	22亿人民币	3
仲利国际租赁有限公司	55.3亿人民币	3
君创国际融资租赁有限公司	1.95亿美元（12.44亿人民币）	3
光大金融租赁股份有限公司	2.5亿美元（15.92亿人民币）	3
招商局融资租赁（香港）控股有限公司	不低于46亿美元（29.30亿人民币）	3
中集融资租赁（香港）有限公司	4.05~6亿美元（38.25亿人民币）	3
福建海西金融租赁有限责任公司	4.5亿人民币	1

（七）保理融资

1. 政策目录

我国商业银行于1993年才正式启动保理融资业务，早期发展规模较小，且主要以行业自律管理为主，于2014年才正式出台了管理办法。保理融资所涉及的文件情况见表2-12。

表2-12 保理融资相关政策文件情况

施行时间	文件名称	发布机构
2013-7-31	《关于加强银行保理融资业务管理的通知》（银监发〔2013〕35号）	原银监会

表2-12(续)

施行时间	文件名称	发布机构
2014-4-3	《商业银行保理业务管理暂行办法》（中国银行业监督管理委员会令2014年第5号）	原银监会
2021-1-1	《中华人民共和国民法典》（主席令第四十五号）	全国人民代表大会常务委员会

2. 定义及特点

《商业银行保理业务管理暂行办法》规定，保理业务是以债权人转让其应收账款为前提，集应收账款催收、管理、坏账担保及融资于一体的综合性金融服务。其中债权人将其应收账款转让给商业银行，商业银行提供的服务之一为保理融资，即以应收账款合法、有效转让为前提的银行融资服务。所称"应收账款"，是指企业因提供商品、服务或者出租资产而形成的金钱债权及其产生的收益，但不包括因票据或其他有价证券而产生的付款请求权。所指应收账款的转让，是指与应收账款相关的全部权利及权益的让渡。

此外，以应收账款为质押的贷款，不属于保理业务范围。

2013年原银监会发布的《关于加强银行保理融资业务管理的通知》也有规定：银行保理融资是指在保理业务基础上开展的以卖方转让应收账款为前提的银行融资服务。

同时，根据《中华人民共和国民法典》合同编第十六章，保理合同是指应收账款债权人将现有的或者将有的应收账款转让给保理人，保理人提供资金融通、应收账款管理或者催收、应收账款债务人付款担保等服务的合同。

根据《商业银行保理业务管理暂行办法》，保理业务分类如下：

（一）国内保理和国际保理

按照基础交易的性质和债权人、债务人所在地，分为国内保理和国际保理。国内保理是债权人和债务人均在境内的保理业务。国际保理是债权人和债务人中至少有一方在境外（包括保税区、自贸区、境内关外等）的保理业务。

（二）有追索权保理和无追索权保理

按照商业银行在债务人破产、无理拖欠或无法偿付应收账款时，是否可以向债权人反转让应收账款、要求债权人回购应收账款或归还融资，分为有追索权保理和无追索权保理。

有追索权保理是指在应收账款到期无法从债务人处收回时，商业银行可以向债权人反转让应收账款、要求债权人回购应收账款或归还融资。有追索权保理又称回购型保理。

无追索权保理是指应收账款在无商业纠纷等情况下无法得到清偿的，由商业银行承担应收账款的坏账风险。无追索权保理又称买断型保理。

（三）单保理和双保理

按照参与保理服务的保理机构个数，分为单保理和双保理。单保理是由一家保理机构单独为买卖双方提供保理服务。双保理是由两家保理机构分别向买卖双方提供保理服务。买卖双方保理机构为同一银行不同分支机构的，原则上可视作双保理。有保险公司承保买方信用风险的银保合作，视同双保理。

通过银行保理融资时，金融租赁公司或融资租赁公司是应收账款的转让方，银行是应收账款的受让方。与其他融资工具不同的是，银行保理业务还存在一个主体：原始债务的债务人。在实际业务中，保理业务按照是否将债权转让事宜通知买方，可以分为国内明保理业务和国内暗保理业务。明保理中，确权常用的有签署确权函（面签/非面签）和公证送达（须回执/无须回执）的方式。

银行保理融资是租赁公司十分重要的一种融资手段，其特点是：

（1）租赁公司将应收账款转让给银行，使得租赁公司迅速变现未到期的应收账款，加快资金回笼；

（2）由银行提供应收账款管理、催收等服务，可以提高租赁公司财务效率，改善客户关系；

（3）通过保理业务能将未到期的应收账款剥离出债权人财务报表，从而达到改善租赁公司财务报表状况的目的；

（4）租赁公司可预先得到银行垫付的融资款项，从而消除应收账款回收中的信用风险。

3. 操作

根据监管规定，单保理融资中，商业银行除应当严格审核基础交易的真实性外，还需确定卖方或买方一方比照流动资金贷款进行授信管理，严格实施受理与调查、风险评估与评价、支付和监测等全流程控制。在租赁公司开展银行保理融资业务时，租赁公司自身或者承租人需要如前文向银行申请授信。

比照流动资金贷款申请条件，租赁公司或承租人应满足：

（一）借款人依法设立；

（二）借款用途明确、合法；

（三）借款人生产经营合法、合规；

（四）借款人具有持续经营能力，有合法的还款来源；

（五）借款人信用状况良好，无重大不良信用记录；

（六）贷款人要求的其他条件。

除以上基本条件，某国有大行还对申办保理融资业务要求如下：

（1）租赁公司与承租人合作过程中未出现无故拖欠货款的不良记录；

（2）业务所依据的融资租赁合同必须建立在当事双方正常、真实、善意的基础上且具备合法性；

（3）在租赁公司向银行转让应收账款当日，应收账款应由租赁公司拥有并且不存在担保、第三方权益或第三方索赔，应收账款的转让应是合法的。

在实践中，租赁公司申请时需要提交书面申请以及下列材料：租赁公司与承租人的合法性文件、保理业务申请书、应收账款明细表、融资租赁基础交易合同、出租人和承租人近两年审计财务报表、资质证书（若有）等相关材料进行收集，

以某股份制商业银行为例，租赁公司申请银行保理融资业务的步骤包括：

（1）签订融资租赁合同；

（2）租赁公司向银行申请办理国内保理融资，银行受理；

（3）融资租赁交易达成，形成应收账款；

（4）租赁公司向银行提交相关材料，并办理应收账款转让手续；

（5）银行审核后向租赁公司发放融资；

（6）应收账款到期，承租人向银行支付租金，回款用于偿还租赁公司在银行的融资（银行扣除融资本息后将余款转入租赁公司账户）。

在银行审核层面，监管规定：商业银行受理保理融资业务时，应当严格审核卖方和/或买方的资信、经营及财务状况，分析拟做保理融资的应收账款情况，包括是否出质、转让以及账龄结构等，合理判断买方的付款意愿、付款能力以及卖方的回购能力，审查买卖合同等资料的真实性与合法性。对因提供服务、承接工程或其他非销售商品原因所产生的应收账款，以及买卖双方为关联企业的应收账款，应当从严审查交易背景的真实性和定价的合理性。

商业银行应当对客户和交易等相关情况进行有效的尽职调查，重点对交易对手、交易商品及贸易习惯等内容进行审核，并通过审核单据原件或银行认可的电子贸易信息等方式，确认相关交易行为真实合理存在，避免客户通过虚开发票或伪造贸易合同、物流、回款等手段恶意骗取融资。

此外，商业银行办理单保理业务时，应当在保理合同中原则上要求卖方开立用于应收账款回笼的保理专户等相关账户。商业银行应当指定专人对保理专户资金进出情况进行监控，确保资金首先用于归还银行融资。

案例

2019年5月19日，国银租赁（01606）发布公告，该公司于2019年5月16日与保理银行、承租人就保理协议的主要条款达成一致，该公司将把融资租赁合同项下未到期的应收租赁款债权及相关权利转让给保理银行，保理银行将受让该等应收租赁款债权及相关权利，给予该公司不高于人民币67.84亿元且不低于人民币55.72亿元的保理融资款并向公司提供保理融资服务。融资期限将不超过9.5年，该等保理融资的用途为补充公司营运资金或偿还银行债务。

（八）保函与信用证

1. 政策目录

保函与信用证属于银行的中间业务，该类业务所涉及的文件情况见表 2-13。

表 2-13　保函与信用证相关的政策文件情况

施行时间	文件名称	发布机构
2001-6-21	《商业银行中间业务暂行规定》（中国人民银行令〔2001〕第 5 号）	人民银行
2002-4-22	《关于落实〈商业银行中间业务暂行规定〉有关问题的通知》（银发〔2002〕89 号）	人民银行
2016-10-8	《国内信用证结算办法》（中国人民银行 中国银行业监督管理委员会公告〔2016〕第 10 号）	人民银行、原银监会
2017-12-19	《关于明确国内信用证业务有关问题的通知》	中国支付清算协会

2. 定义及特点

2002 年印发的《关于落实〈商业银行中间业务暂行规定〉有关问题的通知》中规定，担保类中间业务指商业银行为客户债务清偿能力提供担保，承担客户违约风险的业务。其主要包括银行承兑汇票、备用信用证、各类保函等。

保函的定义及特点

保函是担保银行应申请人的要求向受益人开立的、保证申请人履行与受益人签订的合同项下义务的书面承诺。

保函的特点有：

（1）银行信用代替商业信用，解决合同双方互不信任的问题，便利了合同的执行；

（2）适用范围广泛——适用领域涉及商品、劳务、技术贸易，工程项目承包、承建，物资进出口报关，向金融机构或在金融市场上融资，大型成套设备的租赁，诉讼程序中的诉讼保全，各种合同义务的履行等；

（3）格式灵活多样——可因项目和客户需求量身打造；

（4）办理手续简便、快捷。

保函分为融资性保函和非融资性保函，融资性保函是担保银行应借款人的申请而向贷款人出具的、保证借款人履行借贷资金偿还义务的书面承诺。非融资性保函是指在规定范围内，以客户提供符合条件的反担保条件为基础，银行为客户的贸易或工程投标等非融资性经营活动开具担保文书提供信用担保。简单来说，融资性保函是为融资行为提供的担保，而非融资性保函则是针对具体的贸易、投标或其他某种责任和义务的履行提供的担保。境内银行可以为企业叙作人民币保函等对外担保服务。贸易项下的非融资性保函，银行可以直接办理。融资性保函则需向当地人民银行备案后为企业办理。

金融租赁公司/融资租赁公司采用的属于融资性保函。

融资性保函产品的适用范围主要包括两类：一是借款人向银行等金融机构取得各种形式的融资；二是借款人在金融市场上发行有价证券融资。

融资性保函的主要产品有内保外贷和内保直贷。其中内保外贷是指银行应境内企业申请，为其境外关联企业向境外金融机构融资或取得授信额度而出具的担保，保证境外企业履行贷款本息偿还义务或授信协议规定的资金偿还义务；内保直贷是指境内企业（借款人）委托境内银行（担保人），由境内银行向境外银行（贷款人）出具融资性保函，为境内企业跨境借款提供担保，境外银行凭境内银行保函直接向境内企业发放贷款。

融资性保函的优势如下：

（1）对借款人来说降低了融资成本，有利于借款人取得融资；提高了借款人的信用评级，利于有价证券销售。

（2）对贷款人或有价证券购买方来说，分散了融资风险，提高了贷款资金的安全性，获得了有价证券偿付的充分保障。

信用证的定义及特点

信用证是银行结算方式中的一种契约文书，是一种银行信用形式。

信用证开立后，开证行负第一性付款责任。信用证是一项独立文件，不依附于买卖合同，银行只对信用证负责，在单据和汇票与信用证条件完全一致的情况下，银行就需进行付款。

国内信用证是适用于国内贸易的一种支付结算方式，是开证行依照申请人的申请开出的，凭符合信用证条款的单据支付的付款承诺。2016年10月8日，新版《国内信用证结算办法》正式施行，新版文件扩大了可办理国内信用证业务的银行范围，延长了国内信用证业务的付款期限，更为重要的一点是将国内信用证适用范围从商品贸易明确拓展到货物和服务贸易，为商业银行将国内信用证业务拓展到融资租赁市场提供了政策依据。

根据《国内信用证结算办法》，在可确保交易背景真实的情况下，银行可为融资租赁售后回租业务项下的承租人开立国内信用证，用于向出租人支付包括本金和利息在内的租金，但应严格审核相关材料。

2017年12月，中国支付清算协会在《关于明确国内信用证业务有关问题的通知》中，进一步明确了国内信用证在融资租赁行业的适用性，"国内信用证+福费廷"产品在融资租赁行业的运用也活跃起来。

国内信用证融资租赁业务是指银行授信客户（承租人）以自有的有形动产作为租赁标的物，与银行认可的租赁公司签订售后回租合同，银行占用授信客户（承租人）国内信用证额度为其开立国内信用证，用于支付租赁合同项下应付租金。福费廷，则是指由银行对以卖方为受益人的国内信用证项下的债权提供无追索权的贸易融资。也就是说，由于远期信用证需要一段时间才能付款，而租赁公司希望更早收到款项，所以就将该笔债权卖给银行，包买行扣除相应费用后立即将该笔款项付给租赁公司。

国内信用证的特点是凭借银行信用，保障买卖双方确立和履行合约，防止商业欺诈，消除货款拖欠，促进资金周转；以少量的保证金加担保或授信开证，降低资金成本，提高资金效率。"国内信用证+福费廷"交易的核心则在于应收账款的买断——未来期间的租金快速变现，避免了远期收款的利率风险，加快了租赁公司的资金周转。

3. 操作

融资性保函的操作

租赁公司可作为申请人要求银行开具融资性保函，为自身的融资行为提供担保。

一般银行融资性保函的申请条件如下：

（1）具有经年检的法人营业执照或其他足以证明其经营合法性和经营范围的有效证明文件；

（2）拥有贷款卡；

（3）拥有开户许可证，在银行开立结算账户；

（4）在银行有授信额度或缴纳足额保证金或提供我行可接受的足额担保。

融资性保函的办理流程如下：

（1）融资性保函的申请

①申请人填写开立保函申请书或开立保函合同；

②申请人提交保证金或其他反担保；

③申请人提交合同相关的基础材料；

④申请人提交银行要求的其他相关开立保函所必需的材料。

（2）融资性保函的审核及开出

①银行对客户资格、基础交易、相关材料进行审查；

②银行对客户的保证金或授信额度等抵押情况进行落实；

③银行审核保函的书面申请及保函格式；

④保函开出。

案例

境内企业（承租人）使用现有的授信额度，向境内银行申请受益人为境外银行的融资性保函，用于担保江西中通融资租赁有限公司（出租人）向境外银行申请贷款，境外银行向出租人提供跨境融资，出租人向所属地外管部门申请外债额度并结汇用于购买境内企业设备。

信用证的操作

融资租赁贸易背景真实是国内信用证业务办理的前提条件，租赁合同、标的物原始采购发票、第三方评估报告、中登网物权登记信息、租息发票等都是判断和佐证融资租赁业务真实可靠的重要材料。

在中国支付清算协会的《关于明确国内信用证业务有关问题的通知》中，就提供材料提出了两点建议：

一是建议开证行在开证环节，严格审核贸易真实性和租赁公司资质，并要求开证申请人至少提交以下资料：

（1）融资租赁合同；

（2）证明融资租赁公司资质的资料，例如营业执照副本、实缴资本、股东背景资料、是否有国有集团或上市公司背景等其他条件；

（3）由申请人、受益人共同签署的租金支付表。

二是建议在信用证条款中要求提交以下单据：

（1）融资租赁公司就售后回租合同项下收取的利息部分向承租人出具的原始正本增值税发票；

（2）由申请人、受益人共同签署的服务确认书，服务确认书须声明：受益人已完全适当地履行了售后回租的义务；

（3）由申请人、受益人共同签署的租金支付表（如有）；

（4）证实融资租赁公司在售后回租合同项下向承租人购买租赁物的单据（租赁物所有权转移凭证或租赁物价款付款凭证副本等）。

办理"国内信用证+福费廷"业务的操作流程如图2-4所示。

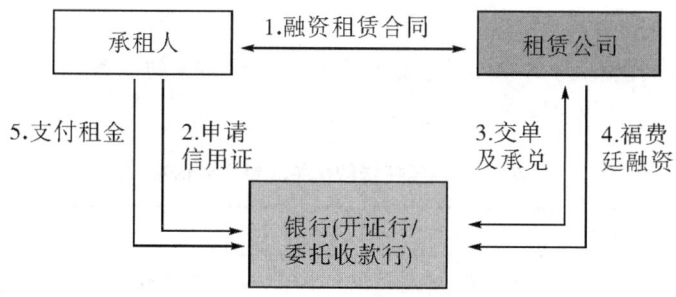

图2-4 "国内信用证+福费廷"模式操作流程

（1）租赁公司与承租人签订融资租赁合同；

（2）租赁公司以开具商业承兑汇票的方式向承租人支付融资租赁设备转让价款；

（3）承租人向银行申请开立国内信用证，用于向租赁公司支付租金；

（4）租赁公司在信用证有效期内向银行提交信用证项下要求的单据，信用证为远期信用证，银行将于付款到期日履行付款责任；

（5）租赁公司向承租人承兑商业汇票；

（6）租赁公司将该笔信用证项下债权通过福费廷模式转让给银行，银行将相当于信用证单据面值的金额在扣除贴现利息和相关费用后的净值支付至租赁公司账户；

（7）承租人按期向银行支付租金。

其参与主体有：

（1）承租人：授信主体，资金的需求方，同时亦为资产的出售方，承租人在将资产出售给租赁公司后通过回租的方式保留资产的占有、使用、收益权，同时在国内证下支付租金至银行指定账户。

（2）租赁公司：支付对价买入承租人出售的资产，同时将该资产租回给承租人，并将应收租赁款债权转让给银行。

（3）银行：针对承租人的应付租金开立国内信用证，并为租赁公司办理福费廷买断融资。

（九）委托贷款

1. 政策目录

在委托贷款业务多年的发展历程中，监管对该类业务进行了多次整顿、规范，涉及的文件情况见表 2-14。

表 2-14 委托贷款相关政策文件情况

施行时间	文件名称	发布机构
2007-7-25	《关于进一步规范企业集团财务公司委托业务的通知》（银监办通〔2007〕186 号）	原银监会
2018-1-5	《商业银行委托贷款管理办法》（银监〔2018〕2 号）	原银监会
2018-1-12	《关于进一步深化整治银行业市场乱象的通知》（银监发〔2018〕4 号）	原银监会

2. 定义及特点

根据《商业银行委托贷款管理办法》的规定，委托贷款是指委托人提供资金，由商业银行（受托人）根据委托人确定的借款人、用途、金额、币种、期限、利率等代为发放、协助监督使用、协助收回的贷款，不包括现金管理项下委托贷款和住房公积金项下委托贷款。

《商业银行委托贷款管理办法》对委托人的资金来源和借款人的资金用途具有明确规定，受托管理的他人资金、银行的授信资金、具有特定用途的各类专项基金、其他债务性资金、无法证明来源的资金等不能作为委托贷款的资金来源。

《商业银行委托贷款管理办法》还规定，资金用途不得为以下方面：

（一）生产、经营或投资国家禁止的领域和用途。

（二）从事债券、期货、金融衍生品品、资产管理产品等投资。

（三）作为注册资本金、注册验资。

（四）用于股本权益性投资或增资扩股（监管部门另有规定的除外）。

（五）其他违反监管规定的用途。

根据规定，委托人是指提供委托贷款资金的法人、非法人组织、个体工商户和具有完全民事行为能力的自然人。同时，金融资产管理公司和经营贷款业务机构不能作为委托贷款业务的委托人。

除商业银行外，财务公司出于提高集团资金使用效率的目的，会比较多地开展委托贷款业务。一方面为货币资金富余的成员单位向货币资金短缺的单位提供融资充当中介，提高委托人的闲置资金使用效率。另一方面将成员单位之间不规范的借贷行为转为受法律保护的规范而合法的委托贷款行为。

2007年，原银监会办公厅印发《关于进一步规范企业集团财务公司委托业务的通知》，就财务公司委托业务进行了明确规定。包括：

（一）财务公司应按照委托业务的性质，严格履行受托人职责，确保委托业务的真实性，财务公司不承担委托业务风险。

（二）财务公司应在所属企业集团成员单位之间办理委托贷款及委托投资业务。

（三）财务公司应对委托资金来源进行尽职调查，严防委托人将信贷资金或拆借资金作为委托资金来源。

（四）财务公司应对委托贷款或委托投资的对象、用途进行全面审查，防止因委托贷款或投资投向手续不全、不符合国家政策而带来法律风险和政策风险。

（五）财务公司应遵守会计制度规定和委托合同约定，将委托业务与自营业务实行分账管理，不得混合操作，严禁转移经营风险。财务公司应对不同委托人的委托资金开立不同专户，并进行分别管理。

（六）财务公司应重视委托业务的风险管理，及时完善委托业务制度，细化委托业务操作流程，建立健全覆盖委托业务全过程的风险防范机制。

（七）财务公司应有相对独立的内部审计或稽核部门负责对委托业务进行监督、检查、评价和报告。

（八）财务公司违反委托业务有关规定的，银监会及其派出机构将根据《中华人民共和国银行业监督管理法》等法律法规，采取责令改正、罚款、暂停相关业务等监管措施。

对于一些租赁公司而言，集团委托贷款是其重要的资金来源，一般由集团委托财务公司来发放，即集团作为委托人，财务公司作为受托人，租赁公司为借款人。财务公司作为融资中介，收取一定费用，但不承担风险。

3. 操作

委托贷款的操作方式如下：

（1）委托人提出申请，明确委托贷款的种类、金额、期限、利率、贷款对象及其他要求。

（2）金融机构与委托人签订贷款委托合同，委托人划入委托资金。

（3）金融机构与借款人签订委托贷款借款合同，对委托人要求借款人提供担保的，协助签订保证/抵押/质押合同。

（4）将委托资金从委托人的存款账户转入委托存款专户，办理放款手续。

二、信贷市场筹资

案例

中国华电集团一般通过旗下财务公司向华电融资租赁有限公司发放委托贷款，用以支持公司业务发展。截至2021年6月末，华电集团通过委托贷款方式为租赁公司提供了82.52亿元的资金支持。集团委托贷款占据租赁公司资金来源的36.41%，均为固定利率，2018年及之前的多数较同期基准利率下浮，下浮范围在0~32.48%，2019年以来的新增部分融资成本较低。

三、债券市场筹资

债券市场是发行和买卖债券的场所,是金融市场一个重要组成部分。其中债券发行市场又称一级市场,是发行单位初次出售新债券的市场。债券发行市场的作用是将政府、金融机构以及工商企业等为筹集资金向社会发行的债券,分散发行到投资者手中。我国债券发行市场主要指银行间、交易所市场,其中全国银行间债券市场是我国规模最大的债券市场。

全国银行间债券市场是依托于全国银行间同业拆借中心(简称"同业拆借中心")和中央国债登记结算公司、上海清算所的,包括商业银行、农村信用联社、保险公司、证券公司等金融机构进行债券买卖和回购的市场,属于场外交易市场。证券交易所市场是以非银行金融机构和个人为主体的场内市场,该市场采用连续竞价方式交易,主要的证券交易所包括上海证券交易所、深圳证券交易所、北京证券交易所等,债券的托管与结算都在中国证券登记结算公司。

目前我国债券市场上主要有三类债券,利率债、可转债和信用债。利率债,主要是指国债、地方政府债券、政策性金融债和央行票据。可转债是指债券持有人可按照发行时约定的价格,将债券转换成公司普通股票的债券。信用债是指政府之外的主体发行的、约定了确定的本息偿付现金流的债券,具体包括企业债、公司债、短期融资券、中期票据、分离交易可转债、资产支持证券、次级债等品种。

债券市场的主管机构主要有三类,即人民银行(通过交易商协会监管)、证监会(通过证券交易所监管)以及国家发展改革委,此外还包括财政部和银保监会。按主管机构不同,债券还可分为财政部和国家发展改革委主管的企业债,其流通场所既可为银行间债券市场,亦可为交易所市场;人民银行和银保监会主管的金融债以及非金融企业债务融资工具(包括中期票据、短期融资券、定向工具、资产支持票据等),其流通交易场所为银行间债券市场;证监会主管的公司债、企业ABS等,其流通交易场所为交易所市场。总体上,债券的分类情况见图3-1。

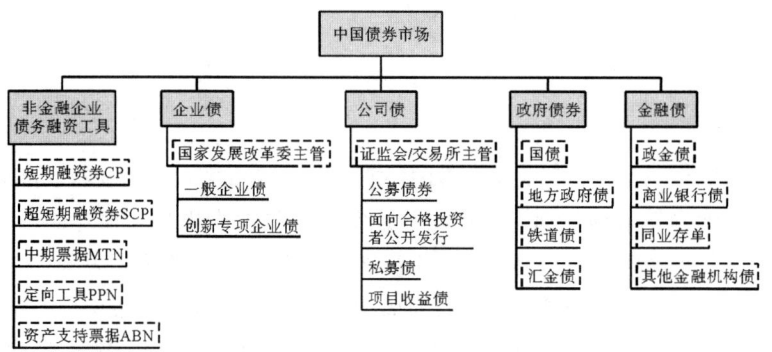

图3-1　债券分类

随着债券市场的不断发展,近年来市场推出了各类创新债券品种,包括绿色债、疫情防控债、碳中和债、乡村振兴债、科创债、可持续发展挂钩债、资产支持商业票据等,进一步丰富了租赁公司的融资渠道,促进了融资结构的优化。

(一)金融债

1. 政策目录

金融债的主管机构为人民银行和银保监会,涉及的文件情况见表3-1。

表3-1　金融债相关的政策文件情况

施行时间	文件名称	发布机构
2005-6-1	《全国银行间债券市场金融债券发行管理办法》(中国人民银行令〔2005〕第1号)	人民银行

表3-1(续)

施行时间	文件名称	发布机构
2009-5-15	《全国银行间债券市场金融债券发行管理操作规程》（中国人民银行公告〔2009〕第6号）	人民银行
2013-12-31	《关于金融债券专项用于小微企业贷款后续监督管理有关事宜的通知》（银发〔2013〕318号）	人民银行
2014-4-30	《金融租赁公司、汽车金融公司和消费金融公司发行金融债券有关事宜》（中国人民银行、中国银行业监督管理委员会公告〔2014〕第8号）	人民银行 原银监会
2015-12-15	《关于在银行间债券市场发行绿色金融债券有关事宜的公告》（中国人民银行公告〔2015〕第39号）	人民银行
2018-2-5	《关于加强绿色金融债券存续期监督管理有关事宜的通知》（银发〔2018〕29号）	人民银行
2020-3-23	《中国银保监会非银行金融机构行政许可事项实施办法》（中国银行保险监督管理委员会令2020年第6号）	银保监会
2020-6-5	《在银行间债券市场或到境外发行金融债券审批事项服务指南》	人民银行

2. 定义及特点

金融债券是指依法在中华人民共和国境内设立的金融机构法人在全国银行间债券市场发行的、按约定还本付息的有价证券。其中，金融机构法人包括政策性银行、商业银行、企业集团财务公司及其他金融机构，其他金融机构包括金融租赁公司、资产管理公司、财务公司、消费金融公司等。

金融租赁公司可作为金融债券的发行主体，发行市场为全国银行间债券市场，主要的监管机构为中国人民银行和中国银行保险监督管理委员会。中国人民银行对金融租赁公司在银行间债券市场发行和交易金融债券进行监督管理；中国银行保险监督管理委员会对金融租赁公司发行金融债券的资格进行审查。

实际上金融债是一个相对宽泛的种类，在实际应用中除了一般金融债券以外，还有绿色、三农、小微、双创等体现政策性、专项用于特定领域的专项金融债。

2015年12月15日,人民银行发布公告,在银行间债券市场推出绿色金融债券。按照人民银行规定,绿色金融债券是金融机构法人依法在银行间债券市场发行的、募集资金用于支持绿色产业项目,并按约定还本付息的有价证券。

与普通金融债券相比,绿色金融债券信息披露要求更高,发行人不但要在募集说明书中充分披露拟投资的绿色产业项目类别、项目筛选标准、项目决策程序、环境效益目标,以及发债资金的使用计划和管理制度等信息,债券存续期间还要定期公开披露募集资金使用情况。目前有河北金租、兴业金租、太平石化金租等已经成功发行多期绿色金融债券。其中,河北金租于2016年成功发行了首笔绿色金融债券。

金融租赁公司发行的金融债普遍为3年期、5年期品种,少数公司发行1年期金融债。付息方式分为附息式浮动利率、附息式固定利率两种,以固定利率品种为主。

金融债这一融资渠道对于金融租赁公司而言有着以下优势:

第一,期限更加匹配。3~5年的期限,与租赁行业的业务周期匹配度较高,解决了资金来源短期化和资金运用长期限之间不匹配的问题。

第二,融资成本较低。已发行的金融债利率水平平均在4%左右,较低的融资成本带来更高的利差,可以为金融租赁行业带来更多的利润。

第三,多元化融资方式。在同业拆借、同业借款之外,金融债是金融租赁融资渠道的有力补充,发行人可以更有效地管理流动性及筹集稳定的资金,缓解其潜在的流动性风险,优化公司资产负债结构。

第四,融资规模大。已发行的金融债平均单笔规模为20.76亿元,相对于同业贷款和同业拆借,规模效应更加明显,交易成本相对低廉。

第五,扩大公司影响力。通过在公开市场上发债,发行人可以扩大自身在资本市场的品牌知名度,对金融租赁公司在资本市场上更多的融资活动具有战略意义。

3. 操作

金融租赁公司发行金融债券往往是一个长周期的工作。首先要审视自身公司情况并做出发行决策。金融租赁公司需要根据自身实际业务发展和经营管理需要，自行分析判断是否存在发行金融债券的必要，以及对发行期限、规模、利率区间等方面做出一定的考量。若决定发行金融债券，则依据公司章程，由公司相应的决策机关达成书面同意文件。在决议拟发行金融债券后，金融租赁公司需要对接承销商、信用评级机构、会计师事务所、律师事务所等专业机构，确定各方在金融债券发行前及存续期间的分工及计划。

依据监管规定，金融租赁公司发行金融债券的主要条件有：

（1）具有良好的公司治理机制、完善的内部控制体系和健全的风险管理制度；

（2）资本充足率不低于监管部门的最低要求；

（3）最近3年连续盈利；

（4）风险监管指标符合审慎监管要求；

（5）最近3年没有重大违法、违规行为；

（6）监管评级良好；

（7）银保监会规章规定的其他审慎性条件。

对于资质良好但成立未满3年的金融租赁公司，可由具有担保能力的担保人提供担保。

对于金融债券资金用途，监管明确指出资金用途应当符合国家产业政策和相关政策规定，不得从事与自身主业无关的风险性投资。

金融债券的发行还面临着两层审批，首先是银保监会。金融租赁公司发行金融债券的许可程序为向银保监会地市级派出机构或所在地省级派出机构提交申请，由地市级派出机构或省级派出机构受理并初步审查，省级派出机构审查并决定。决定机关自受理之日起3个月内作出批准或不批准的书面决定，并抄报银保监会。报送银保监会的文件主要有：

（1）金融债券发行申请报告；

（2）发行人公司章程或章程性文件规定的权力机构的书面同意文件；

（3）发行人近3年经审计的财务报告及审计报告；

（4）募集说明书；

（5）发行公告或发行章程；

（6）承销协议；

（7）发行人关于本期偿债计划及保障措施的专项报告；

(8)信用评级机构出具的金融债券信用评级报告和有关跟踪评级安排的说明;

(9)发行人律师出具的法律意见书;

(10)中国银行保险监督管理委员会要求的其他文件;

(11)采用担保方式发行金融债券的,还应提供担保协议及担保人资信情况说明。

其次,在获得了银保监会批准后,需要报批中国人民银行。一般首先为当地中心支行预审,不属于行政受理环节,之后再报送人民银行总行,人民银行金融市场司债券发行处会内部向金融稳定部、货币政策司征求意见。报送人民银行的申请材料与银保监会报批文件中的(1)~(9)项相同。此外,还需要提交发行人公司章程和营业执照副本复印件、信用评级机构、会计师事务所、律师事务所及相关人员从业资格证书复印件(如有)、监管机构同意金融债券发行的文件以及中国人民银行要求的其他文件。一般情况下,人民银行审批金融债的流程如图3-2所示。

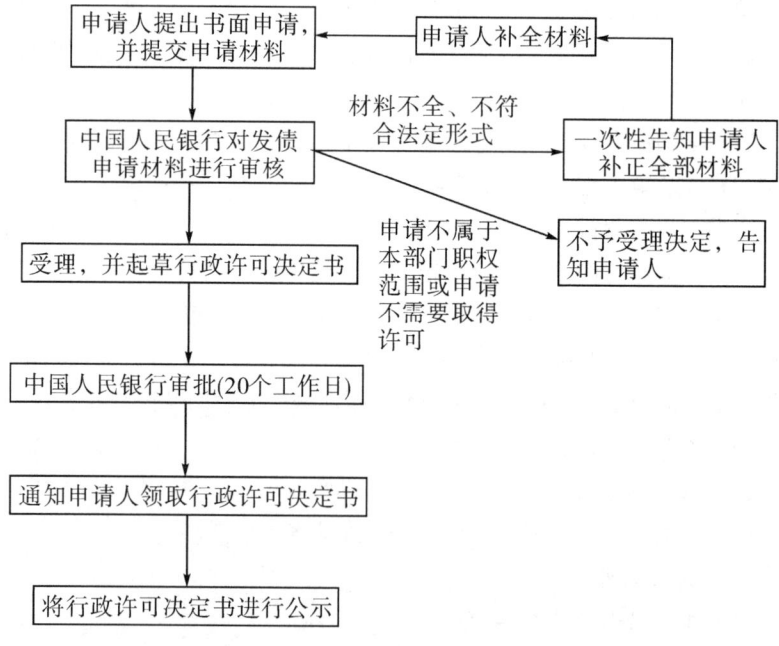

图3-2 人民银行审批金融债的流程

在获得了银保监会及人民银行的批复后，金融租赁公司需要配合承销商进行发行准备、路演、对接资金方，做好发行工作。在发行前5日还需要将上文中（4）、（5）、（7）、（8）项向人民银行备案，并提交金融债券备案登记表。

针对绿色金融债券，人民银行要求金融机构法人申请发行绿色金融债券，应当向报送下列材料：

（1）发行绿色金融债券申请报告；

（2）绿色金融债券募集说明书，其中应当包括募集资金拟投资的绿色产业项目类别、项目筛选标准、项目决策程序和环境效益目标以及绿色金融债券募集资金使用计划和管理制度等；

（3）公司章程或章程性文件规定的权力机构的书面同意文件；

（4）近三年经审计的财务报告和审计报告，以及最近一期财务报告；

（5）募集资金投向绿色产业项目的承诺函；

（6）中国人民银行要求的其他文件。

金融债券发行结束后10个工作日内，主承销商应向人民银行书面报告当期债券承销情况；发行人应向人民银行书面报告当期金融债券发行情况。发行人还应及时向中央结算公司确认债权债务关系，由中央结算公司及时办理债券登记工作。

在存续期内，金融租赁公司需要高度重视后期管理工作，在金融债券付息或兑付日前（含当日），发行人应将相应资金划入债券持有人指定资金账户。

除了以上流程，信息披露工作实际上串联着金融债券发行前期和存续期。例行的信息披露工作包括每年4月30日前向投资者披露年度报告，每年7月31日前披露债券跟踪信用评级报告等。对影响发行人履行债务的重大事件，发行人应在第一时间向中国人民银行报告，并按照中国人民银行指定的方式披露。采用担保方式发行金融债券的，发行人还应在其年度报告中披露担保人上一年度的经营情况说明、经审计的财务报告以及涉及的重大诉讼事项等内容。

4. 历史发行情况

我国金融租赁行业首次成功发行的金融债是 2010 年华融金融租赁股份有限公司金融债券 3 年期品种和 5 年期品种，发行日期为 2010 年 5 月 26 日。经不完全统计，截至 2021 年年底，金融租赁行业已经成功发行金融债券 185 支（不含二级资本债），累计实际发行规模达 3 855.5 亿元。

成功发行金融债的金融租赁公司已经达到 41 家，占整个金融租赁行业的一半以上。已经成功发行的 185 笔金融债券均为 12 个月付息一次，付息方式分为附息式浮动利率、与附息式固定利率两种。其中，附息式浮动利率产品仅在 2015 年及以前发行过 4 笔，其余均为附息式固定利率品种。

本书根据公开数据整理了金融租赁公司 2010—2021 年发行金融债的情况，具体见表 3-2。其中 2019—2021 年，金融租赁公司发行金融债的规模和数量呈先减后增的趋势：2019 年，金融租赁公司共发行了 30 笔金融债，总金额 648 亿元；2020 年，金融租赁公司共发行了 29 笔金融债，总金额为 532 亿元；2021 年，金融租赁公司共发行了 32 笔金融债，总金额为 678.5 亿元。

表 3-2　金融租赁公司 2010—2021 年发行金融债的情况

年份	2010 年	2011 年	2012 年	2013 年	2014 年	2015 年
发行笔数/笔	4	1	0	6	4	9
发行规模/亿元	35	10	0	48	55	197
年份	2016 年	2017 年	2018 年	2019 年	2020 年	2021 年
发行笔数/笔	15	27	28	30	29	32
发行规模/亿元	280	499	873	648	532	678.5

数据来源：中国债券信息网。

2019—2021 年，金融租赁公司发行金融债的加权平均利率的变化趋势如图 3-3 所示。

三、债券市场筹资

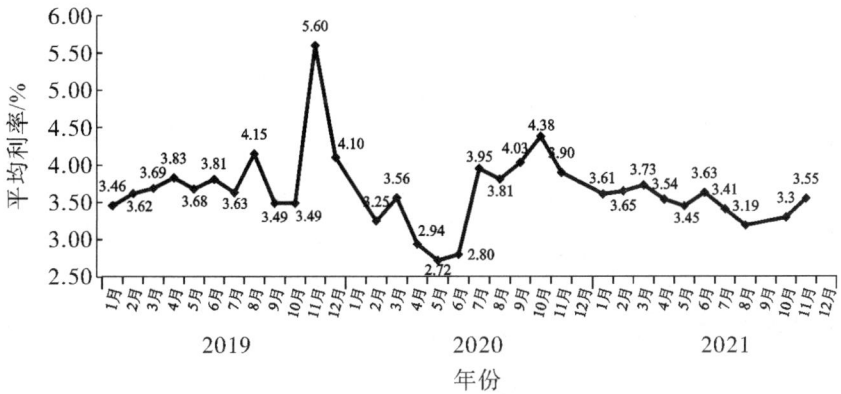

图 3-3 2019—2021 年金融租赁公司发行金融债的加权平均利率趋势

金融租赁公司发行金融债的平均利率变化幅度较大,曾在 2019 年 11 月达到峰值(5.60%),在 2020 年 5 月触至谷底(2.72%)。

(二)二级资本债

1. 政策目录

二级资本债是一种特殊的金融债,其涉及的文件情况见表 3-3。

表 3-3 二级资本债相关的政策文件情况

施行时间	文件名称	发布机构
2004-6-17	《商业银行次级债券发行管理办法》(中国人民银行、中国银行业监督管理委员会公告〔2004〕第 4 号)	原银监会
2005-6-1	《全国银行间债券市场金融债券发行管理办法》(中国人民银行令〔2005〕第 1 号)	人民银行
2009-5-15	《全国银行间债券市场金融债券发行管理操作规程》(中国人民银行公告〔2009〕第 6 号)	人民银行
2013-1-1	《商业银行资本管理办法(试行)》(中国银行业监督管理委员会令 2012 年第 1 号)	原银监会

59

表3-3(续)

施行时间	文件名称	发布机构
2014-4-30	《金融租赁公司、汽车金融公司和消费金融公司发行金融债券有关事宜》（中国人民银行、中国银行业监督管理委员会公告〔2014〕第8号）	人民银行原银监会
2016-9	《关于金融租赁公司发行二级资本债券有关事项的通知》（银监办发〔2016〕149号）	原银监会
2018-2-28	中国人民银行公告〔2018〕第3号（银行业金融机构发行资本补充债券）	人民银行
2019-11-29	《关于商业银行资本工具创新的指导意见（修订）》（银保监发〔2019〕42号）	银保监会
2020-6-5	《在银行间债券市场或到境外发行金融债券审批事项服务指南》	人民银行

2. 定义及特点

二级资本债（次级债券）是指商业银行发行的、本金和利息的清偿顺序列于商业银行其他负债之后、先于商业银行股权资本的债券。二级资本亦称附属资本或补充资本，是商业银行资本基础上扣除核心资本之外的其他资本成分，是反映银行资本充足状况的指标。经银保监会批准，二级资本债可以计入附属资本。

《商业银行资本管理办法（试行）》对二级资本工具的合格标准做出了如下规定：

（一）发行且实缴的。

（二）受偿顺序排在存款人和一般债权人之后。

（三）不得由发行银行或其关联机构提供抵押或保证，也不得通过其他安排使其相对于发行银行的存款人和一般债权人在法律或经济上享有优先受偿权。

（四）原始期限不低于5年，并且不得含有利率跳升机制及其他赎回激励。

（五）自发行之日起，至少5年后方可由发行银行赎回，但发行银行不得形成赎回权将被行使的预期，且行使赎回权必须得到银监会的事先批准。

（六）商业银行的二级资本工具，应符合以下要求：

（1）使用同等或更高质量的资本工具替换被赎回的工具，并且只有在收入能力具备可持续性的条件下才能实施资本工具的替换。

（2）或者，行使赎回权后的资本水平仍明显高于银监会规定的监管资本要求。

（七）必须含有减记或转股的条款，当触发事件发生时，该工具能立即减记或者转为普通股。触发事件是指以下两者中的较早者：①银监会认定若不进行减记该银行将无法生存。②银监会认定若不进行公共部门注资或提供同等效力的支持，该银行将无法生存。

（八）除非商业银行进入破产清算程序，否则投资者无权要求加快偿付未来到期债务（本金或利息）。

（九）分红或派息必须来自可分配项目，且分红或派息不得与发行银行自身的评级挂钩，也不得随着评级变化而调整。

（十）发行银行及受其控制或有重要影响的关联方不得购买该工具，且发行银行不得直接或间接为购买该工具提供融资。

（十一）某项资本工具不是由经营实体或控股公司发行的，发行所筹集的资金必须无条件立即转移给经营实体或控股公司，且转移的方式必须至少满足前述二级资本工具的合格标准。

《商业银行资本管理办法（试行）》规定，二级资本债可以计入附属资本，而普通次级债无法计入附属资本，只能计入负债。对于附属资本的计入，有着如下规定："二级资本工具有确定到期日的，该二级资本工具在距到期日前最后五年，可计入二级资本的金额，应当按100%、80%、60%、40%、20%的比例逐年减计。"

2018年2月发布的中国人民银行〔2018〕第3号令中曾对资本补充债券做出如下规定：资本补充债券是指银行业金融机构为满足资本监管要求而发行的、对特定触发事件下债券偿付事宜做出约定的金融债券，包括但不限于无固定期限资本债券和二级资本债券。

二级资本债相较于普通金融债券有三个特殊条款：

（1）发行人赎回权

二级资本债一般会设定一次发行人选择提前赎回的权利。在行使赎回权后发行人的资本水平仍满足银保监会规定的监管资本要求的情况下，经银保监会事先批准，发行人可以选择在本次债券设置提前赎回权的该计息年度的最后一日，按面值一次性部分或全部赎回本次债券。发行人须在得到银保监会批准并满足下述条件的前提下行使赎回权：①使用同等或更高质量的资本工具替换被赎回的工具，并且只有在收入能力具备可持续性的条件下才能实施资本工具的替换；②行使赎回权后的资本水平仍明显高于银保监会规定的监管资本要求。

从实务上看，二级资本债目前相对主流的期限为"5+5"年，即在第五年末附有前提条件的发行人赎回权。当发行人将要行使赎回权时，只要满足资本要求，向监管机构申请行使赎回权相对容易，正常情况下都会得到批复。

发行人拥行使赎回权的意愿，因为在五年后可计入二级资本的金额会逐年减计，也就是说存续的旧二级资本债补充二级资本的能力越来越弱。如果该发行人二级资本充裕，可行使赎回权进而避免后续利息支出；如有需要可再发行新的二级资本债获得100%的二级资本补充。

（2）减记条款

依据规定，合格的二级资本债必须含有减记或转股的条款，当触发事件发生时，该工具能立即减记或者转为普通股。触发事件是指以下两者中的较早者：①银监会认定若不进行减记该银行将无法生存；②银监会认定若不进行公共部门注资或提供同等效力的支持该银行将无法生存。

所谓立即减记，二级资本债券一般会设置如下或相似的条款：发行人有权在无须获得债券持有人同意的情况下，在其他一级资本工具全部减记或转股后，将二级资本债券的本金进行部分或全部减记。减记按照存续票面金额在设有同一触发事件的所有二级资本工具存续票面总金额中所占的比例进行减记。减记部分不可恢复，减记部分尚未支付的累积应付利息亦将不再支付。

（3）次级条款

二级资本债本金和利息的清偿顺序在发行人的一般债权人之后，股权资本、其他一级资本工具和混合资本债券之前；二级资本债券与发行人未来可能发行的与此债券偿还顺序相同的其他二级资本工具同顺位受偿；除非发行人进入破产清算程序，投资者不能要求发行人加速偿还本次债券的本金和利息。

2016年9月，原银监会发布的《关于金融租赁公司发行二级资本债券有关事项的通知》，明确提出了"允许金融租赁公司通过发行二级资本债的方式补充资本"。同时明确了金融租赁公司发行二级资本债券的基本要求、审核要点、审批流程等，符合条件的金融租赁公司可依法合规申请发行二级资本债券。

2020年8月28日，深圳银保监局公告了关于国银金融租赁股份有限公司在境外发行二级资本债券的批复。同意国银租赁在境外发行不超过7亿美元的二级资本债券，并按照有关规定计入二级资本。这是金融租赁公司获得的首个境外发行二级资本债的批复。

对金融租赁公司而言，二级资本债券这一筹资渠道有两大特点：

其一，二级资本债可作为一种稳定的筹资工具。目前来看，金融租赁公司除了股东增资、内源性资本累积以外，补充资本的能力相对匮乏。上市方面，目前仅有国银租赁、江苏租赁成功上市。发行债券方面，相较于银行可选择永续债、可转债、二级资本债，金融租赁公司目前仅有二级资本债作为较为常态的资本补充工具。这样一来，二级资本债对金融租赁公司补充资本则显得更为重要。

其二，在募集资金方面，二级资本债的风险和发行难度高于金融债。二级资本债券本身可以为金融租赁公司募集较低成本的长久期资金。但是相较于5年期普通金融债，二级资本债存在次级风险、减记风险或转股风险，投资者会寻求相应的风险溢价。因此在成本方面，二级资本债对普通金融债并无优势。并且，在监管审批方面，二级资本债券比普通金融债的审批更加严格，审批流程也更长。综合来看，在融资层面二级资本债对普通金融债的优势仅体现在于在二级资本债可以优化资本充足率情况。

3. 操作

按照监管规定，金融租赁公司发行二级资本债券，须满足以下条件：

（1）具有完善的公司治理机制；
（2）偿债能力良好，成立满3年；
（3）经营稳健，资产结构符合行业特征；
（4）以服务实体经济为导向，遵守国家产业政策和信贷政策；

（5）满足宏观审慎管理要求，且主要监管指标符合监管部门的有关规定。

与金融债的发行条件相比，发行二级资本债的条件中没有明确提出对公司盈利能力和监管评级的要求，但新增了一项条件，即"以服务实体经济为导向"，这一条件体现了二级资本债作为筹资工具的特殊性。银保监会规定，通过发行二级资本债筹得的资金"禁止投向'两高一剩'等不符合国家产业政策导向的行业"。

金融租赁公司发行二级资本债券是一项长周期的工作。与发行金融债相似，发行二级资本债同样需要经过"公司审慎决议——对接专业机构——银保监会审批——央行审批"的流程。

与普通金融债券发行操作不同的是，二级资本债的信息披露要求相对更高。人民银行明确规定"二级资本债的发行人应充分、及时披露资本补充债券相关信息，真实、准确、完整地揭示资本补充债券特有风险，包括但不限于次级性风险、减记损失风险、转股风险。资本补充债券存续期间，发行人应按季度披露信息"。

4. 历史发行情况

据公开数据统计，截至2021年年末，共有6家金融租赁公司成功在境内发行二级资本债，具体发行情况见表3-4。

表3-4 金融租赁公司境内二级资本债发行情况

发行人简称	发行日期	实际发行金额/亿元	票面利率/%	债券期限/年
光大金租	2020-9-16	16	4.39	10
浦银金租	2020-8-11	11	4.20	10
招银金租	2020-7-14	20	4.25	10
交银金租	2018-9-18	20	5.15	10
长城国兴金租	2018-4-26	10	5.50	10
兴业金融金租	2017-9-14	20	5.15	10

（三）资产证券化

1. 政策目录

资产证券化可分为信贷资产证券化、企业资产证券化、资产支持票据、保险资产支持计划等，不同类别品种的主管机构、发行条件、交易场所、操作流程等，其具体情况有所不同，具体涉及的文件情况见表3-5。

表3-5　各类资产证券化相关的政策文件情况

施行时间	文件名	发布机构
信贷资产证券化		
2000-4-30	《全国银行间债券市场债券交易管理办法》（中国人民银行令〔2000〕第2号）	人民银行
2005-4-20	《信贷资产证券化试点管理办法》（中国人民银行 中国银行业监督管理委员会公告〔2005〕第7号）	人民银行 原银监会
2005-6-30	《资产支持证券信息披露规则》（中国人民银行公告〔2005〕14号）	人民银行
2005-12-1	《金融机构信贷资产证券化试点监督管理办法》（中国银行业监督管理委员会令2005年第3号）	原银监会
2007-8-21	《信贷资产证券化基础资产池信息披露有关事项公告》（中国人民银行〔2007〕16号）	人民银行
2008-2-27	《关于进一步加强信贷资产证券化业务管理工作的通知》（银监办发〔2008〕23号）	原银监会
2012-5-17	《关于进一步扩大信贷资产证券化试点有关事项的通知》（银发〔2012〕第127号）	人民银行 原银监会 财务部
2012-7-2	《关于信贷资产支持证券登记托管、清算结算业务的公告》（清算所公告〔2012〕7号）	上海清算所
2013-12-31	人民银行 银监会公告进一步规范信贷资产证券化（人民银行 中国银行业监督管理委员会公告〔2013〕第21号）	人民银行 原银监会

65

表3-5(续)

施行时间	文件名	发布机构
2014-11-20	《关于信贷资产证券化备案登记工作流程的通知》（银监办便函〔2014〕1092号）	原银监会
2015-4-3	中国人民银行公告〔2015〕第7号	人民银行
2020-3-23	《中国银保监会非银行金融机构行政许可事项实施办法》（中国银行保险监督管理委员会令2020年第6号）	银保监会
2020-11-13	《关于银行业金融机构信贷资产证券化信息登记有关事项的通知》（银保监办发〔2020〕99号）	银保监会
2021-6-10	《关于进一步落实信贷资产证券化信息登记工作有关事项的通知》（银登字〔2021〕27号）	银登中心
企业资产证券化		
2014-8-21	《私募投资基金监督管理暂行办法》（中国证券监督管理委员会令第105号）	证监会
2014-11-19	《证券公司及基金管理公司子公司资产证券化业务管理规定》（中国证监会公告〔2014〕49号）	证监会
2014-11-19	《证券公司及基金管理公司子公司资产证券化业务尽职调查工作指引》（中国证监会公告〔2014〕49号）	证监会
2014-11-19	《证券公司及基金管理公司子公司资产证券化业务信息披露指引》（中国证监会公告〔2014〕49号）	证监会
2014-11-25	《深圳证券交易所资产证券化业务指引（2014年修订）》（深证会〔2014〕130号）	深圳证券交易所
2014-11-26	《上海证券交易所资产证券化业务指引》（上证发〔2014〕80号）	上海证券交易所
2014-12-15	《资产支持专项计划备案管理办法》（中基协函〔2014〕459号）	中国证券投资基金业协会
2014-12-24	《资产证券化业务基础资产负面清单指引》	中国证券投资基金业协会

表3-5(续)

施行时间	文件名	发布机构
2014-12-24	《资产证券化业务风险控制指引》	中国证券投资基金业协会
2014-12-24	《资产支持专项计划说明书内容与格式指引（试行）》	中国证券投资基金业协会
2015-2-16	《机构间私募产品报价与服务系统资产证券化业务指引（试行）》	中国证券业协会
2018-2-9	《上海证券交易所融资租赁债权资产支持证券挂牌条件确认指南》	上海证券交易所
2018-2-9	《深圳证券交易所融资租赁债权资产支持证券挂牌条件确认指南》	深圳证券交易所
2019-6-24	《融资租赁债权资产证券化业务尽职调查工作细则》（中基协字〔2019〕292号）	中国证券投资基金业协会
资产支持票据			
2008-4-15	中国人民银行令〔2008〕第1号（《银行间债券市场非金融企业债务融资工具管理办法》）	人民银行
2017-10-10	关于公布《非金融企业资产支持票据指引》及《非金融企业资产支持票据公开发行注册文件表格体系》的公告（中国银行间市场交易商协会公告〔2017〕27号）	交易商协会
2020-6-12	关于发布《非金融企业债务融资工具发行规范指引》《非金融企业债务融资工具簿记建档发行工作规程》的公告（中国银行间市场交易商协会公告〔2020〕14号）	交易商协会
2020-7-1	关于发布《非金融企业债务融资工具定向发行注册文件表格体系（2020版）》《债务融资工具定向发行协议（2020版）》的公告（中国银行间市场交易商协会〔2020〕6号）	交易商协会
2020-7-1	关于公布实施《非金融企业债务融资工具公开发行注册工作规程（2020版）》《非金融企业债务融资工具公开发行注册文件表格体系（2020版）》等有关事项的通知（中市协发〔2020〕42号）	交易商协会

表3-5(续)

施行时间	文件名	发布机构
2020-7-1	关于发布实施《非金融企业债务融资工具定向发行注册工作规程（2020版）》有关事项的通知（中市协发〔2020〕77号）	交易商协会
2020-12-31	关于修订《非金融企业债务融资工具注册发行规则》的公告（中国银行间市场交易商协会公告〔2020〕39号）	人民银行
2021-5-1	关于发布实施《银行间债券市场非金融企业债务融资工具信息披露规则（2021版）》《银行间债券市场非金融企业债务融资工具存续期信息披露表格体系（2021版）》及《非金融企业债务融资工具募集说明书投资人保护机制示范文本（2021版）》等有关事项的通知	交易商协会
2021-8-11	中国人民银行公告〔2021〕第11号	人民银行
2021-8-13	《关于取消非金融企业债务融资工具信用评级要求有关事项的通知》（中市协发〔2021〕143号）	交易商协会
2015-8-25	《资产支持计划业务管理暂行办法》（保监发〔2015〕85号）	原保监会
2021-10-1	《关于资产支持计划和保险私募基金登记有关事项的通知》（银保监办发〔2021〕103号）	银保监会

2. 定义及特点

资产证券化是指以基础资产未来所产生的现金流为偿付支持，通过结构化设计进行信用增级，在此基础上发行资产支持证券（Asset-Backed Securities，ABS）的过程。它是以特定资产组合或特定现金流为支持，发行可交易证券的一种融资形式。

《证券公司及基金管理公司子公司资产证券化业务管理规定》对基础资产有着如下规定："符合法律法规规定，权属明确，可以产生独立、可预测的现金流且可特定化的财产权利或者财产。基础资产可以是单项财产权利或者财产，也可以是多项财产权利或者财产构成的资产组合。前款规定的财产权利或者财产，其交易基础应当真实，交易对价应当公允，现金流应当持续、稳定。基础资产可以是企业应收款、租赁债权、信贷资产、信托受益权等财产权利，基础设施、商业物业等不动产财产或不动产收益权，以及中国证监会认可的其他财产或财产权利。"

资产证券化由不同的专业机构参与及分工合作，主要涉及：原始权益人、资产服务机构（一般由原始权益人担任）、管理人、投资人、托管人、监管银行、评级机构、律师事务所等，主要涉及的交易合同包括：①原始权益人与管理人签署的资产买卖协议；②资产服务机构与管理人签署的资产服务协议；③管理人与投资人签署的认购协议及风险揭示书；④资产服务机构、监管银行与管理人签署的监管协议；⑤管理人与托管人签署的托管协议；⑥原始权益人签署的差额支付承诺函（如有）；⑦担保人与管理人、原始权益人签署的担保协议（如有）；⑧其他协议。

发起人也称原始权益人（卖方），是基础资产的原所有者，是按照相关规定及约定向资产支持专项计划转移其合法拥有的基础资产以获得资金的主体。其职能是和发行机构一起筛选拟证券化的资产池，并转让给特殊目的载体（SPV）。金融租赁公司和融资租赁公司都可以成为发起人。

根据发行场所和监管机构的不同，资产证券化产品类型主要包括中国人民银行和银保监会监管的绿色信贷资产证券化产品、证监会监管的企业资产证券化产品、交易商协会管理的资产支持票据，以及少量银保监会监管的保险资产支持专项计划；发行场所除标准化程度较高的银行间市场和交易所市场外，还包括机构间报价系统、银登中心和各地金交所。融资租赁公司资产证券化主要采用企业资产证券化、非金融企业资产支持票据、保险资产支持专项计划，较少金融租赁公司采用信贷资产证券化和保险资产支持专项计划。不同的资产证券化形式有着不同的发行主体要求，发行要求与相应的工作流程也有不同。

资产证券化的特点如下：

一是实现破产隔离。资产证券化通过把证券化资产与发起人"破产隔离"，实现证券化投资者的权益与发起人的信用状况的分离，从而避免了发起人破产对证券持有的影响，以保护投资者的权益。实现破产隔离决定于两个主要因素：证券化资产的真实销售及在交易结构中设立 SPV。

二是采用增信措施。SPV 在接收了资产池中的资产后，往往要对资产池中的资产采取信用增级措施。信用增级包括内部信用增级和外部信用增级两大类。内部信用增级是用基础资产中所产生的部分现金流来提供的，其常见的方式有建立优先/次级结构、超额抵押和利差账户等。外部信用增级是指由外部第三方提供的信用增级工具，其常见的形式包括第三方提供的担保、流动性支持、差额补足等。

对于租赁公司来说，采取资产证券化的融资方式，可以摆脱企业甚至资产本身的信用条件的限制，从而降低融资的门槛。且资产证券化可以帮助信用级别较低的发起人以高信用级别对应的融资成本开展融资。目前资产证券化已成为融资租赁公司最主要的直接融资渠道。

信贷资产证券化

信贷资产证券化是银行业金融机构作为发起机构，将信贷资产信托给受托机构，由受托机构以资产支持证券的形式向投资机构发行受益证券，以该资产所产生的现金支付资产支持证券收益的结构性融资活动。广义上，以信贷资产作为基础资产的证券化都可以称为信贷资产证券化，包括住房抵押贷款、汽车贷款、消费信贷、信用卡账款、企业贷款等信贷资产的证券化。

发行信贷资产证券化产品审批周期长，流程较为烦琐，且产品期限一般较短，因此，对于金融租赁公司而言，相比银行贷款和发行金融债，金融租赁公司已极少通过该渠道融资。

企业资产证券化

资产支持专项计划（俗称"企业资产证券化"）是指以基础资产所产生的现金流为偿付支持，通过结构化等方式进行信用增级，在此基础上发行资产支持证券的业务活动。

2014年证监会发布《证券公司及基金管理公司子公司资产证券化业务管理规定》，主要改变就是将租赁债权纳入基础资产范围，将全国中小企业股份转让系统公司纳入资产支持证券交易场所。

根据规定，金融企业和非金融企业都可作为企业资产证券化的发起人，从实际发行情况来看，以非金融企业为主，其中融资租赁公司是最主要的发行人。企业资产证券化产品可以在证券交易所、全国中小企业股份转让系统、机构间私募产品报价与服务系统、证券公司柜台市场以及中国证监会认可的其他证券交易场所进行挂牌、转让。

2018年8月15日，上海证券交易所发布《上海证券交易所资产支持证券化业务问答（二）》，明确了绿色资产证券化业务的相关规则。其中提到，资产支持证券是否可认定为绿色资产支持证券，可从基础资产、募集资金投向和融资主体是否为绿色三个维度进行判断，具体可划分为"资产绿""投向绿"和"主体绿"三类。

（1）资产绿，即基础资产属于绿色产业领域，基础资产现金流主要来源于绿色项目所产生的收入或者基础资产主要是为绿色项目融资而形成的债权。上述绿色产业领域的基础资产占全部入池基础资产的比例应不低于70%。

（2）投向绿，即募集资金用于绿色产业领域，转让基础资产所取得的资金用于绿色产业领域，应主要用于建设、运营、收购绿色项目、偿还绿色项目贷款货位绿色项目提供融资等。上述用于绿色项目的金额不低于转让基础资产所得资金总额的70%。即基础资产可为非绿色项目，但募集资金投向为绿色产业领域。

（3）主体绿，即原始权益人主营业务属于绿色产业领域，转让的基础资产所取得的资金可不对应具体绿色项目，且70%以上的募集资金应用于原始权益人绿色业务发展。主营业务是否属于绿色产业领域，可通过两种方式判断：一是符合最近一年合并财务报表中绿色业务领域营业收入占比超过50%（含）；二是绿色业务领域营业收入占比虽小于50%，但绿色产业领域业务收入和利润为所有业务收入最高，且均占总收入和总利润的30%以上。

资产支持票据

根据《非金融企业资产支持票据指引》，资产支持票据是指非金融企业（发起机构）为实现融资目的，采用结构化方式，通过发行载体发行的，由基础资产所产生的现金流作为收益支持的，按约定以还本付息等方式支付收益的证券化融资工具。在资产支持票据存续期间，基础资产预计可产生的现金流应覆盖支付资产支持票据收益所需资金。

基础资产，是指符合法律法规规定，权属明确，可以依法转让，能够产生持续稳定、独立、可预测的现金流且可特定化的财产、财产权利或财产和财产权利的组合。其可以是企业应收账款、租赁债权、信托受益权等财产权利，以及基础设施、商业物业等不动产财产或相关财产权利等。同时，基础资产应为无瑕疵财产权利，一般不得出现设有抵押、质押等权利限制的情况。

发起机构是指为实现融资目的开展资产支持票据业务的非金融企业。对于资金用途，交易商协会要求企业按照实需原则将募集资金用于生产经营活动，并严格按照募集说明书披露的资金用途使用募集资金，严禁用于套利，严禁募集资金脱实向虚。

融资租赁公司可作为ABN的发起机构，发行市场为全国银行间债券市场，主要的监管机构为交易商协会。

对于融资租赁公司而言，资产支持票据拓宽了融资渠道，有利于盘活资产，其发行方式、期限品种也相对灵活，能够满足融资的多元化需求。

2021年6月，交易商协会在人民银行的指导下，在现行资产支持票据规则体系下，研究推出资产支持类融资直达创新产品——资产支持商业票据（Asset-Backed Commercial Paper，ABCP），即传统ABN产品的短期限、滚动发行版本。

ABCP是指单一或多个企业（发起机构）把自身拥有的、能够产生稳定现金流的应收账款、票据等资产按照"破产隔离、真实出售"的原则出售给特定目的载体，并由特定目的载体以资产为支持进行滚动发行的短期证券化类货币市场工具。

ABCP主要有三个特点：一是短久期，可滚动发行；二是便利性好，可操作性强；三是标准化程度高，产品安全性好。

保险机构资产支持计划

保险机构资产支持计划即保险资管机构作为受托人设立资产支持计划，以基础资产产生的现金流为偿付支持，面向保险机构等合格投资者发行受益凭。基础资产类别包括：保理债权、反向保理债权、不良资产重组、金融租赁、融资租赁、小贷、基金份额、基础设施收费收益权、信托债权。

根据《资产支持计划业务管理暂行办法》规定：

原始权益人依照约定将基础资产移交给支持计划。原始权益人应当符合下列条件：

（一）具备持续经营能力，无重大经营风险、财务风险和法律风险；

（二）生产经营符合法律法规和公司章程的规定，符合国家产业政策；

（三）最近三年未发生重大违约或者重大违法违规行为；

（四）法律法规和中国保监会规定的其他条件。

基础资产应当满足以下要求：

（一）可特定化，权属清晰、明确；

（二）交易基础真实，交易对价公允，符合法律法规及国家政策规定；

（三）没有附带抵押、质押等担保责任或者其他权利限制，或者能够通过相关安排解除基础资产的相关担保责任和其他权利限制；

（四）中国保监会规定的其他条件。

基础资产依据穿透原则确定。

根据《保险资金运用管理办法》及《中国保监会关于中保保险资产登记交易系统上线运行有关事项的通知》等有关规定，中保保险资产登记交易系统有限公司负责建设和运营的中保保险资产登记交易系统，作为国务院保险监督管理机构认可的行业基础设施平台，为保险资产管理业提供发行、登记、托管、交易、结算、信息披露以及相关信用增进和质押融资等服务。

金融租赁公司和融资租赁公司均可作为保险资管 ABS 的原始权益人。通过发行保险 ABS，租赁公司可对接长期保险资金。

3. 操作

资产证券化的一般流程为：①确定资产证券化目标，组建资产池；②组建特殊目的载体（SPV），实现资产转让；③设计交易结构、进行信用增级；④资产证券化的评级；⑤证券销售和交割；⑥证券挂牌上市交易，资产售后管理和服务。

信贷资产证券化

金融租赁公司可作为信贷资产证券化的发起机构，发行市场一般为全国银行间债券市场。同时，中国人民银行公告〔2015〕7号明确规定"按照投资者适当性原则，由市场和发行人双向选择信贷资产支持证券交易场所"。因此也可以于交易所市场发行信贷资产支持证券，但需要事先征得中国人民银行同意。

金融租赁公司在开展信贷资产证券化业务之前，应当充分识别和评估可能面临的信用风险、利率风险、流动性风险、操作风险、法律风险和声誉风险等各类风险，必要时还需获得董事会或其授权的专门委员会的批准。达成内部决议以后，需要向银保监会申请信贷资产证券化业务资格。

2014年，原银监会发布《关于信贷资产证券化备案登记工作流程的通知》，信贷资产证券化业务将由审批制改为业务备案制。该通知规定：银监会不再针对证券化产品发行进行逐笔审批，银行业金融机构应在申请取得业务资格后开展业务，在发行证券化产品前应进行备案登记。监管同时规定，对已发行过信贷资产支持证券的银行业金融机构豁免资格审批，但需履行相应手续。

根据《金融机构信贷资产证券化试点监督管理办法》，金融租赁公司作为信贷资产证券化发起机构，通过设立特定目的信托转让信贷资产，应当具备以下条件：

（一）具有良好的社会信誉和经营业绩，最近3年内没有重大违法、违规行为；

（二）具有良好的公司治理、风险管理体系和内部控制；

（三）对开办信贷资产证券化业务具有合理的目标定位和明确的战略规划，并且符合其总体经营目标和发展战略；

（四）具有适当的特定目的信托受托机构选任标准和程序；

（五）具有开办信贷资产证券化业务所需要的专业人员、业务处理系统、会计核算系统、管理信息系统以及风险管理和内部控制制度；

（六）最近3年内没有从事信贷资产证券化业务的不良记录；

（七）银监会规定的其他审慎性条件。

在随后的2015年，人民银行发布〔2015〕第7号公告，明确信贷资产证券化实行注册制，符合条件的机构可在注册有效期内自主分期发行信贷资产支持证券。公告中明确：已经取得监管部门相关业务资格、发行过信贷资产支持证券且能够按规定披露信息的受托机构和发起机构可以向中国人民银行申请注册，并在注册有效期内自主分期发行信贷资产支持证券。申请注册发行的证券化信贷资产应具有较高的同质性。受托机构和发起机构应提交注册申请报告、与交易框架相关的标准化合同文本、评级安排等文件。中国人民银行接受注册后，在注册有效期内，受托机构和发起机构可自主选择信贷资产支持证券发行时机，在按有关规定进行产品发行信息披露前 5 个工作日，将最终的发行说明书、评级报告及所有最终的相关法律文件和信贷资产支持证券发行登记表送中国人民银行备案。

2020 年 9 月 30 日，银保监会印发《关于银行业金融机构信贷资产证券化信息登记有关事项的通知》，不再对信贷资产证券化产品备案登记，自 2020 年 11 月 13 日起开始实施信贷资产证券化信息登记。由银行业信贷资产登记流转中心作为信息登记机构，受理信贷资产证券化信息登记，实施信息登记质量监督管控，为银保监会持续性监管提供支持。银行业金融机构向银登中心提交登记信息并获得产品信息登记编码后，按程序在相关发行场所申请发行。

2020 年 10 月 15 日，银登中心发布配套的《信贷资产证券化信息登记业务规则（试行）》，从登记主体、登记流程、信息管理和违规处理等方面对信贷资产证券化信息登记进行详细规定。

信贷资产证券化产品发行前，登记主体应当通过证券化系统办理初始登记，录入要素信息并上传登记材料，主要包括以下内容：（一）基础资产明细信息、资产支持证券信息；（二）《发行说明书》草案；（三）《关于报送信贷资产证券化信息的报告》；（四）《投资者适当性管理承诺书》；（五）对于不良资产证券化产品，提交《发起机构不良资产证券化业务资本计提情况汇总表》；（六）银保监会和银登中心规定的其他信息与材料。

登记主体按照规定录入初始登记信息并上传初始登记材料后，即可向银登中心提请核验。银登中心收到登记申请后的 5 个工作日内，按照监管要求对初始登记信息和材料进行完备性核验，并反馈核验结果。证券化登记通过核验后，银登中心发放唯一产品信息登记编码。受托机构持产品信息登记编码，按程序申请发行资产支持证券。

在进行产品登记前，金融租赁公司作为发起机构，最重要的工作是对资产池进行筛选。因资产支持证券收益来自信贷资产自身所产生的现金，监管部门对信贷资产证券化的基础资产有着多项规定。

根据规定，信贷资产证券化发起机构拟证券化的信贷资产应当符合以下条件：

（一）具有较高的同质性；

（二）能够产生可预测的现金流收入；

（三）符合法律、行政法规以及银监会等监督管理机构的有关规定。

选定资产池以后，金融租赁公司作为发起机构，还需配合其他机构设计好信贷资产证券化的产品结构，包括分层增信措施、证券兑付以及信用事件触发机制。

案例

2016年4月，河北银监局公告《河北银监局关于河北省金融租赁有限公司资产证券化业务资格的批复》，核准河北金租开展资产证券化业务资格。

2019年，由河北金租作为发起机构将相关资产委托给作为受托机构的上海信托，由上海信托设立冀租稳健2019年第一期租赁资产证券化信托，具体发行情况见表3-6。

表3-6 冀租稳健2019年第一期租赁资产支持证券发行情况

层级	发行规模/万元	占比/%	利率类型	预期到期日	法定到期日	评级（中诚信国际/中债资信）
优先A级	139 000.00	70.08	固定利率	2021年7月26日	2026年1月26日	AAA
优先B级	20 000.00	10.08	固定利率	2022年1月26日	2026年1月26日	AA+
次级	39 350.91	19.84	—	2024年1月26日	2026年1月26日	无评级
总计	198 350.91	100.00	—	—	—	

根据《中国人民银行准予行政许可决定书》（银市场许准予字〔2019〕第131号）和银保监会《关于冀租稳健2019年第一期租赁资产证券化产品备案通知书》，上海国际信托有限公司于2019年8月28日至8月29日以簿记建档方式在全国银行间债券市场发行规模为19.84亿元的冀租稳健2019年第一期租赁资产支持证券。该租赁资产支持证券的交易机构如图3-4所示。

三、债券市场筹资

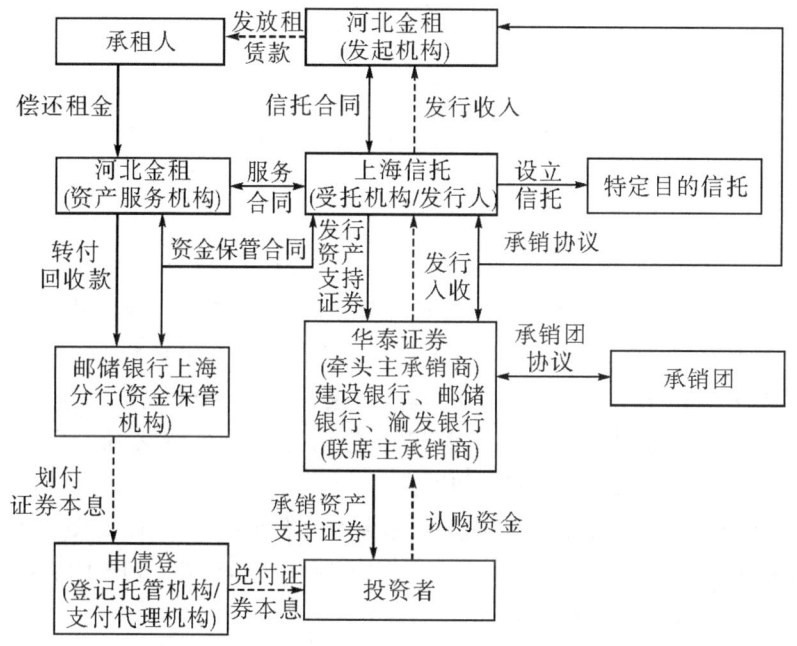

图 3-4 租赁资产支持证券交易机构

资料来源：《冀租稳健 2019 年第一期租赁资产支持证券发行说明书》。

发行人与发起机构、牵头主承销商、联席主承销商签署承销协议，牵头主承销商、联席主承销商再与承销团成员签署承销协议，组建承销团对优先级资产支持证券进行簿记发行。根据服务合同的约定，受托机构委托河北金租作为资产服务机构对资产的日常回收进行管理和服务。根据资金保管合同的约定，受托机构委托中国邮政储蓄银行股份有限公司上海分行对信托财产产生的现金资产提供保管服务。根据债券发行、登记及代理兑付服务协议的约定，受托机构委托中央国债登记结算有限责任公司对资产支持证券提供登记托管和代理兑付服务。

受托机构将发行以信托财产为支持的资产支持证券，将所得认购金额扣除发行费用的净额支付给发起机构。受托机构向投资者发行资产支持证券，并以信托财产所产生的现金为限支付相应税收、信托费用及本期资产支持证券的本金和收益。

本次资产证券化的"资产池"全部由河北金租的租赁资产组成，即河北金租通过向承租人发放租赁款,从而由河北金租依据租赁合同享有的融资租赁债权、租赁合同相关的附属担保权益。构成"资产池"的"资产"自"初始起算日"时存在的全部"应收租金"及其全部"附属担保权益"(如有)均属于"信托财产"。本期资产支持证券未设置外部信用增级措施。

企业资产证券化

2014年发布的《资产支持专项计划备案管理办法》和《资产证券化业务基础资产负面清单指引》,明确针对企业资产证券化实施备案制监管和负面清单管理,证券投资基金业协会负责资产证券化业务基础资产负面清单管理工作,研究确定并在基金业协会网站及时公开发布负面清单。

负面清单列明的不适宜采用资产证券化业务形式或者不符合资产证券化业务监管要求的基础资产如下:

(一)以地方政府为直接或间接债务人的基础资产。但地方政府按照事先公开的收益约定规则,在政府与社会资本合作模式(PPP)下应当支付或承担的财政补贴除外。

(二)以地方融资平台公司为债务人的基础资产。本条所指的地方融资平台公司是指根据国务院相关文件规定,由地方政府及其部门和机构等通过财政拨款或注入土地、股权等资产设立,承担政府投资项目融资功能,并拥有独立法人资格的经济实体。

(三)矿产资源开采收益权、土地出让收益权等产生现金流的能力具有较大不确定性的资产。

(四)有下列情形之一的与不动产相关的基础资产:①因空置等原因不能产生稳定现金流的不动产租金债权;②待开发或在建占比超过10%的基础设施、商业物业、居民住宅等不动产或相关不动产收益权。当地政府证明已列入国家保障房计划并已开工建设的项目除外。

(五)不能直接产生现金流、仅依托处置资产才能产生现金流的基础资产。如提单、仓单、产权证书等具有物权属性的权利凭证。

(六)法律界定及业务形态属于不同类型且缺乏相关性的资产组合,如基础资产中包含企业应收账款、高速公路收费权等两种或两种以上不同类型资产。

(七)违反相关法律法规或政策规定的资产。

（八）最终投资标的为上述资产的信托计划受益权等基础资产。

融资租赁公司开展企业资产证券化业务往往是一个较长周期的工作。首先融资租赁公司需要对开展资产证券化的可行性、必要性以及基本方案进行调研和管理层决议。内部获得决议之后，融资租赁公司拟发行具体的企业资产证券化还需要选定管理人、信用评级机构、律师事务所等中介机构，确定各方在企业资产证券化发行前及存续期间的分工及计划。

根据规定，首次开展资产证券化业务的管理人和其他参与机构，还应当将相关资质文件报基金业协会备案。

融资租赁公司在企业资产证券化业务中，一般是原始权益人，需要配合管理人进行尽职调查。尽职调查的对象包括原始权益人、重要债务人、增信措施的增信主体等。

2019年8月，中国证券投资基金业协会印发《融资租赁债权资产证券化业务尽职调查工作细则》，适用对象为以融资租赁债权为基础资产或基础资产现金流来源开展资产证券化业务。该细则明确了对业务参与人的尽职调查和对基础资产的尽职调查内容，同时确认尽职调查范围原则上应当覆盖全部入池资产。入池资产符合笔数众多、资产同质性高、单笔资产占比较小等特征的，可以采用抽样尽职调查方法。原则上，对于入池资产笔数少于50笔的资产池，应当采用逐笔尽职调查方法。

对原始权益人的尽职调查包括但不限于：

（一）基本情况。原始权益人的设立、存续情况；主体评级情况（如有）；股权结构、控股股东及实际控制人；组织结构、公司治理及内部控制等；内部授权情况；原始权益人开展业务是否满足相关主管部门监管要求、正式运营期限、是否具备风险控制能力；业务经营是否合法合规。

（二）原始权益人是否为境内外上市公司或者境内外上市公司的子公司。为境内外上市公司子公司的，其总资产、营业收入或净资产等指标占上市公司的比重。

（三）主营业务情况及财务状况。原始权益人所在行业的相关情况；行业竞争地位比较分析；最近三年各项主营业务情况、财务报表及主要财务指标分析、资本市场公开融资情况及历史信用表现；主要债务情况、授信使用状况及对外担保情况；对于设立未满三年的，提供自设立起的相关情况。

（四）资信情况。管理人及项目律师事务所应当核查原始权益人及其实际控制人最近两年是否存在因严重违法失信行为，被有权部门认定为失信被执行人、失信生产经营单位或者其他失信单位，并被暂停或限制进行融资的情形。管理人及律师事务所应当就上述事项是否影响原始权益人进行融资展开核查，并在专项计划文件中发表明确意见。

（五）业务开展情况。包括但不限于主营业务概况、业务开展的时间、经营模式、承租人集中度、行业分布、期限分布、盈利和现金流的稳定性、业务开展的资金来源、风险资产规模、既有负债、或有负债等情况，以及近五年或者成立以来（若成立未满五年）融资租赁业务的展期、早偿、逾期、违约以及违约后回收等情况的定义、具体计算方式及相关历史数据。

（六）风险控制制度。包括但不限于风险分类管理制度、承租人信用评估制度、事后追偿和处置制度、风险预警机制、风险准备金计提情况及风险资产占净资产的比重等。其中关于风险分类管理制度，应当就其分类管理标准、定义、方式等进行核查。

（七）持续经营能力。如原始权益人需承担基础资产回收款转付义务，或涉及循环购买机制的，应当对原始权益人的持续经营能力进行分析。

（八）循环购买。涉及循环购买机制的，还应当对原始权益人可供购买的资产规模与循环购买额度的匹配性（循环购买情形下）进行分析。

若原始权益人为特定原始权益人，则尽调结论需支撑原始权益人满足如下要求：

（一）生产经营符合法律、行政法规、原始权益人公司章程或者企业、事业单位内部规章文件的规定；

（二）内部控制制度健全；

（三）具有持续经营能力，无重大经营风险、财务风险和法律风险；

（四）最近三年未发生重大违约、虚假信息披露或者其他重大违法违规行为；

（五）法律、行政法规和中国证监会规定的其他条件。

对入池融资租赁债权中的重要债务人或现金流重要提供方：

应当核查其主营业务、财务数据、信用情况、偿债能力、资信评级情况（如有）、与原始权益人的关联关系及过往业务合作情况、租金历史偿付情况（如有）等。

对不合格基础资产的处置义务人：

应当核查其履职能力，包括但不限于基本情况、财务数据、偿债能力、资信情况和内部授权情况，与基础资产相关的业务制度、业务流程以及管理系统、管理人员、管理经验等。

对提供差额支付、保证担保、流动性支持等增信措施的增信主体的尽职调查包括但不限于：

（一）增信主体为法人或其他组织的，管理人应当核查增信机构股权结构、实际控制人、与原始权益人的关联关系情况、主营业务情况、最近三年的净资产、资产负债率、净资产收益率、流动比率、速动比率等主要财务指标，主要债务情况，授信使用情况及累计对外担保余额及其占净资产的比例；对于设立未满三年的，提供自设立起的相关情况。管理人及律师事务所应当核查增信机构违法失信情况。增信机构属融资性担保机构的，管理人及律师事务所应当核实其业务资质以及是否满足相关主管部门监管要求；同时，管理人应当核查融资性担保机构的代偿余额。

（二）增信主体为自然人的，应当核查增信方资信状况、代偿能力、资产受限情况、对外担保情况以及可能影响增信措施有效实现的其他信息。

（三）增信主体为原始权益人及其关联方或重要债务人的，管理人应当结合风险相关性情况进行详细核查。增信主体为原始权益人控股股东或实际控制人的，还应当核查增信机构所拥有的除原始权益人股权外其他主要资产，该部分资产的权利限制及是否存在后续权利限制安排。

对基础资产的尽职调查包括但不限于：

（一）原始权益人是否合法拥有基础资产及对应租赁物的所有权。除租赁物以原始权益人为权利人设立的担保物权外，基础资产及租赁物是否附带抵押、质押等担保负担或者其他权利限制。租赁物状况是否良好，是否涉及诉讼、仲裁、执行或破产程序，或涉及国防、军工或其他国家机密。对基础资产权属、涉诉、权利限制和负担等情况的调查，管理人及律师事务所应当通过相关系统查询确认基础资产及其相关资产的权属、涉诉、权利限制和负担情况。

（二）基础资产界定是否清晰，附属担保权益（如有）、其他权利（如有）及租赁物的具体内容是否明确。

（三）基础资产涉及的租赁物及对应租金是否可特定化，租金数额、支付时间是否明确。

（四）基础资产涉及的融资租赁债权是否基于真实、合法的交易活动产生，交易对价是否公允，是否具备商业合理性。基础资产是否属于《资产证券化业务基础资产负面清单指引》列示的负面清单范畴，是否属于以地方政府为直接或间接债务人、以地方融资平台公司为债务人的基础资产，是否存在违反地方政府债务管理相关规定的情形。基础资产涉及关联交易的，应当对交易背景真实性、交易对价公允性重点核查。

（五）基础资产涉及的交易合同是否真实、合法、有效。出租人是否已经按照合同约定向出卖人支付了租赁物购买价款。是否存在出卖人针对租赁物所有权转让给出租人提出合理抗辩事由。出租人是否已经按照合同约定向承租人履行了合同项下的义务。相关租赁物是否已按照合同约定交付给承租人。租金支付条件是否已满足，历史租金支付情况是否正常。除以保证金冲抵租赁合同项下应付租金外，承租人履行其租金支付义务是否存在抗辩事由和抵销情形。

（六）按照国家法律法规规定租赁物的权属应当登记的，原始权益人是否已依法办理相关登记手续。租赁物不属于依法需要登记的财产类别，原始权益人是否在主管部门指定或行业组织鼓励的相关的登记系统进行融资租赁业务登记，登记的租赁物财产信息是否与融资租赁合同及租赁物实际状况相符；对于租赁物权属不随基础资产转让给专项计划的情形，管理人应关注采取何种措施防止第三方获得租赁物权属。

（七）债务人集中度较高或租赁物涉及无形资产等情形的，管理人及律师事务所应当结合租赁物的性质和价值、基础资产的构成、租赁本金、合同利率和服务费、出租人与承租人的合同权利和义务，对入池资产对应的租赁物买卖合同及融资租赁合同的商业合理性、相关财产作为租赁物是否符合相关法律法规等进行专项核查，并出具核查意见。商业合理性核查，包括但不限于租赁物评估价值、租赁物的可处置性、租赁物买卖合同的交易对价、融资租赁合同的租金确定的依据及合理性等情况。

完成尽职调查后，管理人应对基础资产未被列入负面清单且资产支持证券的销售符合适当性要求做出承诺。

在配合管理人完成发行前的结构设计、文件起草等准备工作之后，由管理人向交易所提交申报材料。不同的交易所对于企业资产证券化业务有着不同的业务指引要求，但大体相似，本篇以上海证券交易所为例。

在上海证券交易所，资产支持证券挂牌转让，应当符合以下条件：

（一）基础资产符合相关法律法规的规定，权属明确，可以产生独立、可预测的现金流；

（二）资产支持证券的交易结构设置合理；

（三）资产支持证券已经发行完毕并且按照相关规定完成备案；

（四）资产支持证券的投资者符合本所投资者适当性管理的相关规定；

（五）资产支持证券采取的风险控制措施符合本指引要求；

（六）上海证券交易所规定的其他条件。

资产支持证券拟在上海证券交易所挂牌转让的，管理人应当在资产支持证券发行前向上交所申请确认是否符合挂牌转让条件，并向上交所提交转让申请书、专项计划的拟备案文件等材料。上交所会对项目申报材料进行审查，对于满足挂牌条件的项目出具无异议函。

企业资产证券化项目取得无异议函后，需要进行发行设立资产支持专项计划。资产支持专项计划成立后5个工作日内向基金业协会申请备案，报送的备案材料包括：

（一）备案登记表；

（二）专项计划说明书、交易结构图、发行情况报告；

（三）主要交易合同文本，包括但不限于基础资产转让协议、担保或其他增信协议（如有）、资产服务协议（如有）、托管协议、代理销售协议（如有）；

（四）法律意见书；

（五）特定原始权益人最近3年（未满3年的自成立之日起）经审计的财务会计报告及融资情况说明；

（六）合规负责人的合规审查意见；

（七）认购人资料表及所有认购协议与风险揭示书；

（八）基础资产未被列入负面清单的专项说明；

（九）基金业协会要求的其他材料。

拟在证券交易场所挂牌、转让资产支持证券的专项计划，管理人应当提交证券交易场所拟同意挂牌转让文件；管理人向基金业协会报送的备案材料应当与经证券交易场所审核后的挂牌转让申报材料保持一致。

专项计划备案后，管理人需持备案证明办理交易所挂牌转让，在挂牌转让前与上交所签订转让服务协议，签订转让服务协议或取得其他证明材料后5个工作日内，向基金业协会报告。此过程需向上海证券交易所提交以下材料：

（一）专项计划完成备案的证明文件；

（二）计划说明书、主要交易合同文本、相关决议和承诺以及证券服务机构出具的意见或报告等资产支持证券发行文件；

（三）特定原始权益人最近3年（未满3年的自成立之日起）经审计的财务会计报告及融资情况说明；

（四）资产支持证券实际募集数额的文件；

（五）资产支持证券的登记托管文件；

（六）专项计划是否发生重大变化的说明；

（七）上交所要求的其他材料。

上交所对挂牌申请材料进行完备性核对。挂牌申请材料完备的，上交所自接受挂牌申请材料之日起五个交易日内，出具接受挂牌的通知书。

案例

"上银方正中信富通租赁资产支持专项计划一号"完成在中国证券投资基金业协会的备案，并由上海交易所出具挂牌转让无异议的函，于2017年5月2日在上海交易所挂牌转让。**原始权益人为**中信富通融资租赁有限公司，**基础资产为**由原始权益人依据融资租赁合同对承租人享有的租金请求权和其他权利及其附属担保权益。

该资产支持专项计划的具体发行情况见表3-7，交易结构见图3-5。

表 3-7　上银方正中信富通租赁资产支持专项计划一号发行情况

层级	发行规模/亿元	占比/%	利率类型	预期到期日	评级
优先 A1 级	1.4	35.34	固定利率	2017 年 5 月 26 日	AAA
优先 A2 级	1.8	45.44	固定利率	2018 年 8 月 26 日	AAA
优先 B 级	0.29	7.32	固定利率	2018 年 11 月 26 日	AA
次级	0.471 1	11.89	—	2019 年 5 月 26 日	—
总计	3.961 1	100.00	—	—	—

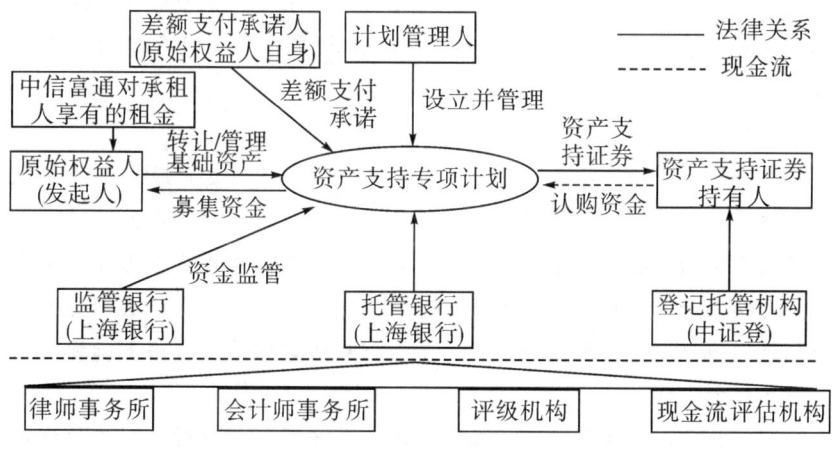

图 3-5　资产支持专项计划交易结构

认购人通过与计划管理人签订认购协议，将认购资金以专项资产管理方式委托计划管理人管理，计划管理人设立并管理专项计划，认购人取得资产支持证券，成为资产支持证券持有人。

计划管理人根据与原始权益人签订的资产买卖协议的约定，将专项计划募集资金用于向原始权益人购买初始基础资产，即原始权益人依据租赁合同对承租人所形成的租金、附属担保权益和租赁合同项下原始权益人享有的除所有权以外的其他权利。

计划管理人委托原始权益人作为资产服务机构，对基础资产进行管理。

计划管理人将聘请托管银行负责开立专项计划专用账户，并根据计划说明书及相关文件的约定，向托管机构发出分配指令，托管机构根据分配指令，将专项计划账户的资金划付至登记托管机构的指定账户用于支付资产支持证券本金和预期收益。

律师事务所、评级机构、会计师事务所、现金流评估预测机构将分别对专项计划出具法律意见、信用评级报告、会计意见书和现金流预测报告。

计划设置了优先/次级安排，次级资产支持证券的偿付顺序位列优先级资产支持证券之后，次级资产支持证券的投资者为优先级资产支持证券的投资者提供信用增级。本期专项计划的结构设计中，设定了优先A/优先B/次级比例分别为80.79%、7.32%、11.89%。原始权益人持有全部次级资产支持证券，且次级资产支持证券在专项计划存续期内不得转让。

本期资产支持专项计划采用外部信用增级。

不合格资产赎回：在专项计划存续期间，买方或资产服务机构发现不合格基础资产时应立即书面通知卖方。在专项计划存续期间，买方或资产服务机构发现不合格基础资产时应立即书面通知卖方，卖方应于买方确定赎回价格后的两个工作日内将待赎回资产的赎回价格总和支付至专项计划账户。卖方在支付赎回价款后，对已赎回的不合格基础资产不再承担任何责任。

原始权益人差额支付当基础资产现金流出现不足的时候，原始权益人根据差额支付承诺函的约定对基础资金现金流不足部分进行补足，从而作为该专项计划的第二还款来源。

资产支持票据

资产支持票据作为债务融资工具的一种，其发行规则和要求主要依据《银行间债券市场非金融企业债务融资工具管理办法》《非金融企业债务融资工具公开发行注册工作规程（2020版）》《非金融企业债务融资工具公开发行注册文件表格体系（2020版）》《非金融企业资产支持票据指引》《非金融企业资产支持票据公开发行注册文件表格体系》等。

融资租赁公司需要对开展资产支持票据业务的可行性、必要性以及基本方案进行调研和管理层决议。之后需要选定承销行、保管行、监管行、信托公司（或有）、信用评级机构、律师事务所、会计师事务所等中介机构,确定各方在资产支持票据业务期间的分工及计划。融资租赁公司要将每单入池的基础资产发给各个中介机构,中介机构会对资产进行尽调审核,确定初步的资产包,之后各方共同商讨产品交易结构,评级机构再根据交易结构和现金流预测情况对产品进行分层,分层之后就可以通过设立发行载体发行产品。

融资租赁公司作为发起机构,按规定不得侵占、损害基础资产,并履行以下职责:

(一)配合并支持发行载体和相关中介机构履行职责;

(二)按约定及时向发行载体和相关中介机构提供相关披露的信息,并保证所提供的信息真实、准确、完整;

(三)本指引及相关自律规则规定以及交易合同约定的其他职责。

资产支持票据的发行载体可以为特定目的信托、特定目的公司或交易商协会认可的其他特定目的载体,也可以为发起机构。发行载体由发起机构担任的,发起机构应在资金监管机构开立独立的资金监管账户,明确约定基础资产的未来现金流进入资金监管账户,优先用于支付资产支持票据收益。

根据规定,债务融资工具可以在银行间债券市场公开发行,也可以定向发行。债务融资工具公开发行注册实行注册会议制度,由注册会议决定是否接受债务融资工具发行注册。注册会议根据相关自律规则,对企业及中介机构注册文件拟披露信息的完备性进行评议,并督促其完善信息披露。交易商协会秘书处注册发行部门负责接收注册文件、对注册文件拟披露信息的完备性进行预评以及安排注册会议等相关工作。注册流程分为注册预评——注册会议评议——出具"接受注册通知书"。注册会议评议结论为接受注册的,交易商协会向企业出具"接受注册通知书",注册有效期2年。

交易商协会对企业公开发行债务融资工具实行分层分类注册发行管理。

根据企业市场认可度、信息披露成熟度等,债务融资工具注册发行企业分为第一类、第二类、第三类、第四类企业,实行相应注册发行工作机制。其中,第一类和第二类为成熟层企业,第三类和第四类为基层企业。企业存在债务融资工具等公司信用类债券违约或者延迟支付本息的事实，仍处于继续状态的，不得再次公开发行债务融资工具。

同时符合以下条件的，为成熟企业：

（一）生产经营符合国家宏观调控政策和产业政策，市场认可度高，行业地位显著，公司治理完善。

（二）经营财务状况稳健，企业规模、资本结构、盈利能力满足相应要求。

具体到融资租赁公司来看，资产规模应大于1 200亿元，资产负债率应小于85%，总资产报酬率应大于3%。资产总额、资产负债率、总资产报酬率应按企业最近一年经审计的财务数据进行计算，或按最近三年经审计的财务数据分别进行计算后取平均值，两者按孰优原则选择。其中，总资产报酬率（%）＝EBIT/总资产平均余额×100%；EBIT＝利润总额＋费用化利息支出。

（三）公开发行信息披露成熟。最近36个月内，累计公开发行债务融资工具等公司信用类债券不少于3期，公开发行规模不少于100亿元。

（四）最近36个月内，企业无债务融资工具等公司信用类债券或其他重大债务违约或者延迟支付本息的事实；控股股东、控股子公司无债务融资工具等公司信用类债券违约或者延迟支付本息的事实。

（五）最近36个月内，企业无重大违法违规行为，不存在国家法律或政策规定的限制直接债务融资的情形，未受到交易商协会警告及以上自律处分；实际控制人不存在因涉嫌违法违规被有权机关调查或者受到重大行政、刑事处罚的情形。

（六）交易商协会根据投资者保护需要规定的其他条件。

成熟层企业中，符合以下条件之一的为第一类企业：

（一）资产规模超过3 000亿元、资产负债率低于75%、总资产报酬率高于3%。

（二）最近36个月内，债务融资工具公开发行规模不少于500亿元。

（三）资产规模超过8 000亿元，在国民经济关键领域中发挥重要作用。

成熟层企业中，不符合以上条件的为第二类企业。

不符合成熟企业相关条件的为基层企业。其中，完成债务融资工具首次公开发行注册满两年，且有公开发行记录的企业为第三类企业；完成债务融资工具首次公开发行注册不满两年,或者没有公开发行记录的企业为第四类企业。

如果选择公开发行,成熟层企业可就公开发行超短期融资券、短期融资券、中期票据、永续票据、资产支持票据、绿色债务融资工具等产品编制同一注册文件,进行统一注册,也可就公开发行各品种债务融资工具编制相应注册文件,按产品分别进行注册。基础层企业应就公开发行各品种债务融资工具编制相应注册文件,按产品分别进行注册。

统一注册模式下,企业在注册阶段可不设置注册额度,发行阶段再确定每期发行产品、发行规模、发行期限等要素;企业在该注册项下可定向发行相关产品,并可按定向发行要求进行信息披露;企业在注册有效期内仍符合成熟层企业条件的,可在注册有效期到期前3个月内再次报送统一注册文件。

对于资产支持票据的注册工作,交易商协会要求:

成熟层第一类、第二类企业可就多品种债务融资工具(含 ABN)编制同一注册文件,进行统一注册。成熟层第一类、第二类企业也可就ABN 编制相应注册文件,按产品进行注册,注册后应按照《非金融企业资产支持票据指引》(2017 版)的相关规定,首期发行应在注册后六个月内完成,后续发行应向交易商协会备案。

对于发行前报备,交易商协会要求:

在统一注册模式下,成熟层第一、第二类企业作为发起机构发行ABN,应在发行前履行报备程序,通过综合业务和信息服务平台"发行条款变更"流程一次性提交齐备相关发行文件。发行文件需按照 ABN 注册文件表格体系规定的格式及内容(发行文件清单见表3-8)进行编制。

表 3-8 ABN 发行文件清单

序号	文件清单
0	项目信息变更承诺函[①](如有)
1	募集说明书(ZM)

表3-8(续)

序号	文件清单
2	评级报告（ZP）（如有）
	债项信用评级报告及跟踪评级安排
	主体信用评级报告及跟踪评级安排
3	信用增进文件②（如有）
	信用增进函（Z）
	—附信用增进机构营业执照
	—附《公司章程》、有权机构决议及有关内控制度
	信用增进协议
	信用增进机构近一期会计报表
	信用增进机构20××年经审计的财务报告及母公司会计报表
4	信用增级文件（如有）
	差额支付承诺函或协议
	流动性支持承诺函
	债务加入确认书
	信用增级机构近一期会计报表（如有）
	信用增级机构20××年经审计的财务报告及母公司会计报表
	信用增级机构20××年经审计的财务报告及母公司会计报表
	信用增级机构20××年经审计的财务报告及母公司会计报表（如需）
5	法律意见书（ZF）
6	会计意见书（如有）
7	现金流预测报告③（如有）

表3-8(续)

序号	文件清单
8	主要交易文件（如有）
	信托合同
	主定义表
	服务合同
	资金监管协议
	资金保管协议
	其他

注：①同类基础资产后续发行时提交；

②指资产支持票据项层面信用增进方式为担保的文件；

③基础资产类型为债权且数量较多，或基础资产类型为收益权、不动产财产或相关财产权利的，应由第三方专业机构出具现金流预测报告。

针对同一类基础资产（法律属性及业务形态相同的基础资产）首期及后续发行前报备流程如下：

（1）某类基础资产首期发行时

主承销商至少应于发行公告日前5个工作日，提交ABN发行文件，协会注册发行部门将对首期发行文件拟披露信息的完备性进行评议，评议完成后可按照相关规定启动发行程序。

（2）同类基础资产后续发行时

主承销商至少应于发行公告日前3个工作日，提交项目信息变更承诺函，内容包括但不限于模板中的信息，明确相比于该类基础资产前次发行，是否存在入池基础资产筛选标准、交易结构等项目信息的变更，并承诺相关变更不会对本期ABN发行新增实质性风险，不降低本期ABN信息披露标准。主承销商需要同时提交ABN本期发行文件作为备查。注册发行部门对上述文件的齐备性进行核对，核对完成后可按照相关规定启动发行程序。若该类基础资产后续发行时，项目信息发生实质变化，或发生对投资价值及投资决策判断有实质性影响的重要事项时，应按照首期发行相关流程进行报备。

对于信用评级，2021年8月，中国人民银行发布公告（〔2021〕

第11号），决定试点取消非金融企业债务融资工具发行环节信用评级的要求。同期，中国银行间市场交易商协会发布公告取消企业注册发行债务融资工具需披露信用评级报告及跟踪评级安排的要求。企业选择披露的，应按照中国银行间市场交易商协会自律管理规定和评级协议约定，披露评级结果在有效期内的债务融资工具评级报告。

根据《非金融企业债务融资工具发行规范指引》规定，资产支持票据等债务融资工具的发行方式包括招标发行和簿记建档发行两种。

招标发行，是指发行债务融资工具的非金融企业使用中国人民银行发行系统在银行间债券市场招标发行债务融资工具的行为。

招标发行前，发行人除应按照相关规定向投资人履行信息披露义务外，还应至少提前1个工作日通过中国银行间市场交易商协会认可的网站公开披露以下信息：

（一）本期债务融资工具发行办法和招标书；

（二）投标参与人名单。

簿记建档发行，是指发行人和主承销商协商确定利率（价格）区间后，承销团成员或投资人发出申购要约或申购需求，由簿记管理人记录承销团成员或投资人提交的债务融资工具认购利率（价格）及数量意愿，按约定的定价和配售方式确定最终发行利率（价格）并进行配售的行为。集中簿记建档发行，是指非金融企业债务融资工具发行人、簿记管理人、承销团成员（若有）等相关方，通过统一使用非金融企业债务融资工具集中簿记建档系统，实现所有簿记建档业务全流程线上化、电子化处理的发行方式。

选择簿记建档发行的，发行人及主承销商应制定发行方案。发行方案应体现集体决策和公平、公正、公开原则，并对簿记建档各项操作做出具体安排。内容包括但不限于：

（一）选择簿记建档发行方式的决策过程和理由；

（二）簿记管理人、簿记场所、簿记流程等相关安排；

（三）定价、配售的具体原则及方式；

（四）簿记建档发行其他相关事项。

对于不符合上述要求的，交易商协会将告知主承销商及发行人予以更正。发行方案应作为发行文件组成部分向市场披露。

三、债券市场筹资

中国银行间市场交易商协会对发起机构也设置了分层分类的信息披露要求：

一是第一、第二类企业应参照《表格体系（2020版）》① 中"第三部分第一、第二类企业表格范例"要求填写注册报告、报送要件、披露相关信息。二是针对第一类企业和上市公司，不强制要求在募集说明书中更新一季度、三季度情况。三是针对募集资金用途和发行条款，第一、第二类企业在注册时无须进行披露，第三、四类企业在注册时应披露发行条款，同时可按大类匡算募集资金用途；各类企业在发行时，均应按照《表格体系（2020版）》相关要求披露发行条款和募集资金用途。部分特定产品、行业应符合相应补充表格要求。在资产支持票据存续期内，发行载体应在每期资产支持票据收益支付日的前3个工作日披露资产运营报告。

公开发行资产支持票据的，发行载体应在每年4月30日、8月31日前分别披露上年度资产运营报告和半年度资产运营报告。定向发行资产支持票据的，发行载体应在每年4月30日前披露上年度资产运营报告，并可按照注册发行文件约定增加披露频率。对于资产支持票据发行不足两个月的，可不编制当期年度和半年度资产运营报告。收益支付频率为每年两次或两次以上的，可不编制半年度资产运营报告。

资产运营报告应包括但不限于以下内容：

（一）资产支持票据基本信息；

（二）发起机构、发行载体和相关中介机构的名称、地址；

（三）发起机构、发行载体和相关中介机构的履约情况；

（四）基础资产池本期运行情况及总体信息；

（五）各档次资产支持票据的收益及税费支付情况；

（六）基础资产池中进入法律诉讼程序的基础资产情况，法律诉讼程序进展等；

（七）发起机构募集资金使用情况；

（八）发起机构风险自留情况；

（九）需要对投资者报告的其他事项。

---

① 即《非金融企业债务融资工具公开发行注册文件表格体系（2020版）》，下文同。

采用循环购买结构的，还应包括基础资产循环购买情况及循环购买分布等信息。

在资产支持票据存续期间，如果发生可能对投资价值及投资决策判断有重要影响的重大事项，发行载体和发起机构应在事发后三个工作日内披露相关信息，并向中国银行间市场交易商协会（以下简称"交易商协会"）报告。基础资产现金流的获得取决于发起机构持续经营的，发起机构还应参照《银行间债券市场非金融企业债务融资工具信息披露规则》进行信息披露（见图3-6）。

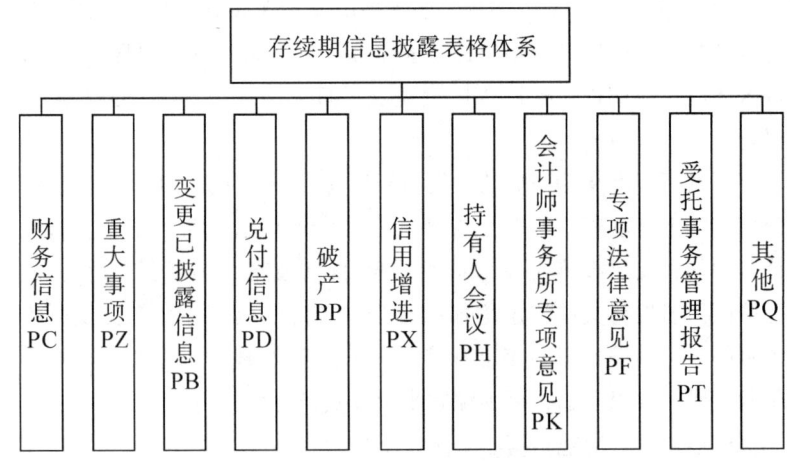

图3-6 存续期信息披露表格体系

资料来源：《银行间债券市场非金融企业债务融资工具存续期信息披露表格体系》（2021版）。

有关具体定向发行规则参照（六）非公开定向债务融资工具一节。

案例

"远东租赁2017年度第一期资产证券化信托"的发起机构为远东国际租赁及远东宏信（天津）融资租赁有限公司，由兴业银行、国泰君安证券担任主承销商，中诚信担任信用评级机构。该产品的具体发行情况见表3-9，交易结构见图3-7。

表 3-9 远东租赁 2017 年度第一期资产证券化信托发行情况

层级	发行规模/万元	占比/%	利率类型	预期到期日	评级
优先 A 级	245 200.00	83.60	固定利率	2020 年 10 月 26 日	AAA
优先 B 级	30 800.00	10.50	固定利率	2021 年 7 月 26 日	AA
次级	17 300.00	5.90	—	2022 年 4 月 26 日	无评级
总计	293 300.00	100.00	—	—	—

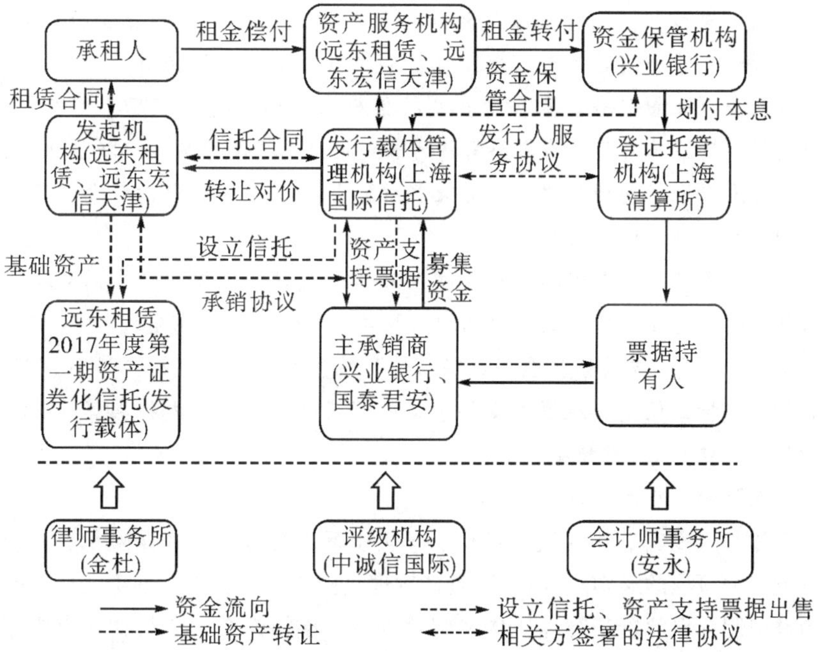

图 3-7 ABN 交易结构

资料来源：《远东租赁 2017 年度第一期资产支持票据募集说明书》。

根据信托合同约定，远东国际租赁和远东宏信（天津）为发起机构以相关租赁债权资产作为信托财产委托给作为受托人的上海信托，设立"远东租赁 2017 年度第一期资产证券化信托"作为发行载体。上海信托作为发行载体的管理机构向投资人发行以信托财产为支持的资产支持票据，所得认购金额扣除相关费用支出后的资产支持票据募集资金净额支付给发起机构。受托机构向投资者发行资产支持票据,并以信托财产所产生的现金为限支付相应税收、费用支出、信托应承担的报酬及本期资产支持票据的本金和收益。本期资产支持票据分为优先级资产支持票据和次级资产支持票据,其中优先级资产支持票据包括优先A级资产支持票据和优先B级资产支持票据。

发行载体管理机构与发起机构、主承销商签署承销协议,主承销商再与承销商签署承销团协议,组建承销团对优先级资产支持票据以簿记建档方式发行。根据服务合同的约定,受托机构委托远东国际租赁和远东宏信(天津)作为资产服务机构对资产的日常回收进行管理和服务。根据资金保管合同的约定,受托机构委托兴业银行对信托财产产生的现金资产提供保管服务。本期资产支持票据在中国银行间市场上市交易。银行间市场清算所股份有限公司作为本期资产支持票据的登记托管机构,负责对本期资产支持票据进行登记托管,并向投资者转付由资金保管机构划入的到期应付信托利益。

基础资产为远东国际租赁和远东宏信(天津)依据租赁合同对承租人享有的融资租赁债权及其附属担保权益。增信措施:优先级/次级安排(优先A级资产支持票据能够获得优先B级和次级资产支持票据16.40%的信用支持,优先B级资产支持票据能够获得次级资产支持票据5.90%的信用支持);信用触发机制。

保险资产支持计划

2021年9月,银保监会发布了《关于资产支持计划和保险私募基金登记有关事项的通知》,将保险资产管理机构的资产支持计划由注册制改为登记制,保险资产管理机构发起设立资产支持计划,实行初次申报核准、后续产品登记。初次申报核准由银保监会依据相关规定办理,后续产品登记由中保保险资产登记交易系统有限公司(以下简称"中保登公司")依据监管规定和登记规则办理。

案例

2021年3月24日,江苏租赁召开第三届董事会第四次会议,会议通过了《关于开展"国寿投资-江苏金租1号资产支持计划"的议案》,内容为江苏租赁拟与国寿投资保险资产管理有限公司设立"国寿投资-江苏金租1号资产支持计划"募集机构类资金,期限不超过6年,规模不超过人民币 30 亿元。

2021 年 12 月 9 日，中保登公司出具"国寿投资-江苏金租 1 号资产支持计划"登记编码 ZC2021120009，该计划受托人为国寿投资保险资产管理有限公司，产品规模为 30 亿元。具体交易结构见图 3-8。

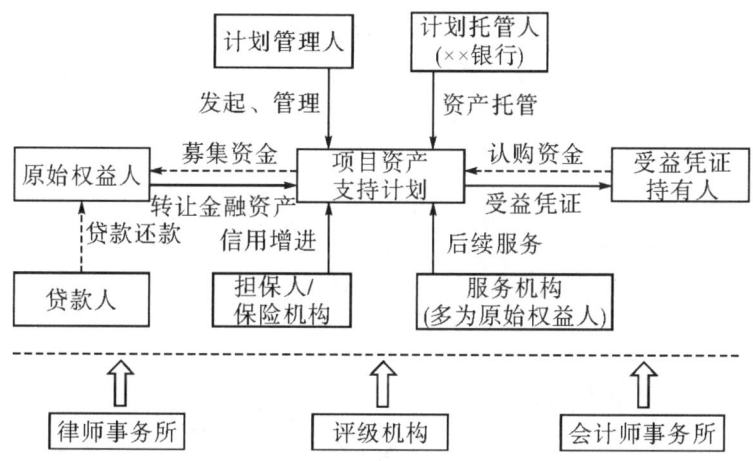

图 3-8　保险资产支持计划交易结构

资料来源：中国保险资产管理业协会。

4. 历史发行情况

根据公开数据统计整理了 2019—2021 金融租赁公司发行信贷 ABS 的情况，具体情况见表 3-10。总体来看，近三年金融租赁公司较少发行信贷 ABS，2019 年、2020 年分别仅有 2 支金融租赁公司信贷 ABS 发行，发行规模分别为 39 亿元、20 亿元，到 2021 年，无一家金融租赁公司发行信贷 ABS。

表 3-10　2019—2021 年金融租赁公司信贷 ABS 发行情况

年份	发行数量/支	发行规模/亿元
2019	2	39
2020	2	20
2021	0	0

ABS（含ABN）则是融资租赁公司使用率最高、发行规模最大的债券市场融资渠道。2019—2021年，融资租赁公司发行企业ABS和ABN的规模持续上升。据不完全统计：

2019年全年，融资租赁公司共发行资产证券化产品规模2 751.42亿元；2020年全年，融资租赁公司共发行资产证券化产品合计2 838.83亿元；2021年全年，融资租赁公司共发行资产证券化产品合计3 769.03亿元。与2019年相比，2021年融资租赁公司以资产证券化渠道融资的金额增加了37%。

2019—2021年，融资租赁公司发行ABS（含ABS）的加权平均利率趋势如图3-9所示。

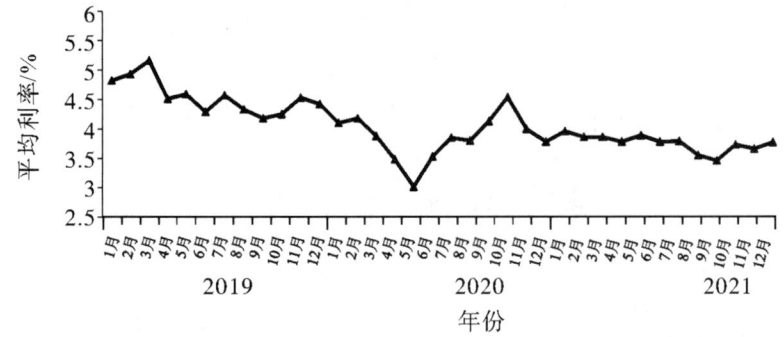

图3-9　2019—2021年融资租赁公司发行ABS的加权平均利率趋势

参考图3-8，融资租赁公司发行ABS（含ABN）产品的加权平均利率在2019—2021年有所起伏，呈波动性下降的趋势，曾在2020年5月降至最低（3.01%）。

2021年，融资租赁公司中通过发行ABS（含ABN）产品，融资规模最大的十家公司如表3-11所示（按发行金额排序）。

表3-11　2021年融资租赁行业ABS（含ABN）发行规模前10位

发行机构	发行金额/亿元	发行数量/支
中电通商融资租赁有限公司	584.8	40
平安国际融资租赁有限公司	233.85	14

表3-11(续)

发行机构	发行金额/亿元	发行数量/支
远东国际融资租赁有限公司	218.4	9
君信融资租赁（上海）有限公司	134.85	10
海通恒信国际融资租赁股份有限公司	119.7	12
中电投融和融资租赁有限公司	116.26	10
上海青投融资租赁有限公司	102.72	7
恒华融资租赁有限公司	100	5
中远海运租赁有限公司	96.12	6
梅赛德斯-奔驰租赁有限公司	96	2

保险ABS方面，根据中保登官网显示的数据统计，2019—2021年，注册/登记规模逐年上升，2021年共有6家租赁公司注册/登记10支产品，规模合计276.83亿元。具体数据情况见表3-12。

表3-12 2019—2021年金融租赁公司及融资租赁公司保险ABS注册/登记情况

事项	2019年	2020年	2021年
注册/登记数量/支	5	8	10
原始权益人/家	5	8	6
注册/登记规模/亿元	90	172.37	276.83

（四）短期融资券

1. 政策目录

短期融资券属于非金融企业债务融资工具中的一个品种，涉及的文件情况见表3-13。

表 3-13 短期融资券相关的政策文件情况

施行时间	文件名称	发布机构
2008-4-15	《银行间债券市场非金融企业债务融资工具管理办法》（中国人民银行令〔2008〕第1号）	人民银行
2020-6-12	关于发布《非金融企业债务融资工具发行规范指引》《非金融企业债务融资工具簿记建档发行工作规程》的公告（中国银行间市场交易商协会公告〔2020〕14号）	交易商协会
2020-7-1	关于发布《非金融企业债务融资工具定向发行注册文件表格体系（2020版）》《债务融资工具定向发行协议（2020版）》的公告（中国银行间市场交易商协会〔2020〕6号）	交易商协会
2020-7-1	关于公布实施《非金融企业债务融资工具公开发行注册工作规程（2020版）》《非金融企业债务融资工具公开发行注册文件表格体系（2020版）》等有关事项的通知（中市协发〔2020〕42号）	交易商协会
2020-7-1	关于发布实施《非金融企业债务融资工具定向发行注册工作规程（2020版）》有关事项的通知（中市协发〔2020〕77号）	交易商协会
2020-12-31	关于修订《非金融企业债务融资工具注册发行规则》的公告（中国银行间市场交易商协会公告〔2020〕39号）	人民银行
2021-3-26	关于发布2021年版《非金融企业短期融资券业务指引》《非金融企业中期票据业务指引》《非金融企业超短期融资券业务指引》的公告（中国银行间市场交易商协会公告〔2021〕9号）	交易商协会
2021-5-1	关于发布实施《银行间债券市场非金融企业债务融资工具信息披露规则（2021版）》《银行间债券市场非金融企业债务融资工具存续期信息披露表格体系（2021版）》及《非金融企业债务融资工具募集说明书投资人保护机制示范文本（2021版）》等有关事项的通知（中市协发〔2021〕43号）	交易商协会

表3-13(续)

施行时间	文件名称	发布机构
2021-8-11	中国人民银行公告〔2021〕第11号	人民银行
2021-8-13	《关于取消非金融企业债务融资工具信用评级要求有关事项的通知》（中市协发〔2021〕143号）	交易商协会

2. 定义及特点

短期融资券是指企业在银行间债券市场发行和交易，并约定在一年期限内还本付息的有价证券，发行人为具有法人资格的非金融企业。其中，还款期限在270天以内的被称作超短期融资券。对于超短期融资券，按规定其所募集的资金应用于符合国家法律法规及政策要求的流动资金需要，不得用于长期投资。

融资租赁公司可作为（超）短期融资券的发行人，交易市场为银行间债券市场，主要的监管机构为中国人民银行，审批机构为中国银行间市场交易商协会。

短期融资券和超短期融资券是一类操作灵活、成本较低并且筹资数额较大的短期募资工具，备受大型融资租赁公司的欢迎。除资产证券化产品外，（超）短期融资券是融资租赁公司发行规模最大的信用债工具。

3. 操作

短期融资券作为一类债务融资工具，其发行同资产支持票据一样，遵循交易商协会发布的针对非金融企业债务融资工具的一系列规则。

成熟层企业统一注册多品种债务融资工具，或第一类、第二类、第三类企业分别注册超短期融资券、短期融资券的，可在注册有效期内自主发行。第四类企业注册超短期融资券的，可在注册有效期内自主发行；注册短期融资券的，在完成注册12个月后发行，应事前先向交易商协会备案。向交易商协会备案的，应当按照交易商协会关于备案发行信息披露内容与格式的规定编制备案文件，并通过符合条件的承销机构将备案文件报送注册发行部门。企业完成备案后应当在6个月内完成发行。

发行短期融资券或超短期融资券，融资租赁公司应当首先进行内部决议，之后需要确认发行中介机构，对接承销商、信用评级机构（或有）、会计师事务所、律师事务所等专业机构，确定各方在发行期间及存续期间的分工及计划并共同确定发行的规模、期限、募集资金的用途等要素。在发行前融资租赁公司需要与中介机构一同准备大量的发行材料。

对于注册文件要求，在《非金融企业资产支持票据公开发行注册文件表格体系》中有明确规定，包括注册文件清备案文件清单和信息披露表格，具体如下：

（1）注册文件清单列示企业注册或备案发行资产支持票据应向交易商协会提交的要件。包括注册报告、推荐函、募集说明书、审计报告、评级报告、信用增进、法律意见书、受托管理协议、补充要件（如有）等。

（2）备案文件清单包括注册报告（备案）、补充募集说明书、审计报告、评级报告、信用增进、法律意见书、受托管理协议、补充要件（如有）等。

（3）信息披露表格分为基础表格和补充表格。基础表格列示的内容是对注册文件的最低信息披露要求，包括募集说明书信息披露表、财务报告信息披露表、法律意见书信息披露表、评级报告信息披露表、信用增进信息披露表、受托管理协议信息披露表、发行方案信息披露表、申购说明信息披露表、发行情况公告信息披露表、项目收益评估预测报告信息披露表、绿色评估报告信息披露表等。补充表格分为情形、产品、行业三类表格。

其中，产品表格包括超短期融资券信息披露表、绿色债务融资工具信息披露表等。行业类表格包含融资租赁企业信息披露表等。

超短期融资券信息披露表中列示的信息披露要点包括但不限于：募集资金运用（资金使用主体、金额及缺口匡算依据）、企业基本情况（资金运营内控制度等）、主要财务状况、资信状况等。

融资租赁企业信息披露中列示的信息披露要点非常全面，包括但不限于：财务、经营、管理和政策风险（偿债压力等），募集资金用途（如补充承诺：募集资金投向合法合规，符合有关地方政府性债务管理的相关文件要求，不会增加政府债务规模，不会划转给政府或财政使用），企业基本情况（包括租赁资产分类管理制度、经营指标等），企业主要财务状况，企业资信状况等。

4. 历史发行情况

2019—2021 年，融资租赁公司发行短期融资券与超短期融资券的规模持续上升。据不完全统计：

2019 年全年，融资租赁公司共发行 155 笔短期融资券与超短期融资券，发行金额合计 1 110.70 亿元；2020 年，融资租赁公司共发行 179 笔短期融资券与超短期融资券，发行金额合计 1 220.00 亿元；2021 年，融资租赁公司共发行 175 笔短期融资券与超短期融资券，发行金额合计 1 277.70 亿元。在短期融资券与超短期融资券之间，融资租赁公司更加青睐超短期融资券。

2019—2021 年，融资租赁公司发行短期融资券、超短期融资券的加权平均利率趋势如图 3-9 所示。

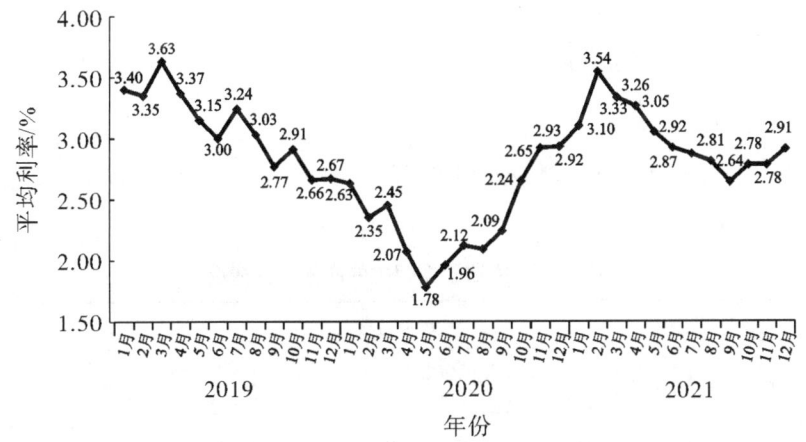

图 3-9　2019—2021 年短期融资利率趋势

参考图 3-9，融资租赁公司发行短期融资券、超短期融资券的平均利率变化趋势大致为先减后增，曾在 2020 年 5 月降至最低（1.78%）。

2021 年，融资租赁公司中通过发行短期（含超短期）融资券，融资规模最大的十家公司如表 3-14 所示（按发行金额排序）。

表 3-14　2021 年融资租赁行业短期融资发行规模前 10 位

发行机构	发行金额/亿元	发行数量/支
平安国际融资租赁有限公司	162	17
远东国际融资租赁有限公司	160	16
国网国际融资租赁有限公司	125	14
海通恒信国际融资租赁股份有限公司	110	14
中国环球租赁有限公司	95	16
华能天成融资租赁有限公司	95	17
中航国际租赁有限公司	86	9
中电投融和融资租赁有限公司	86	16
国新融资租赁有限公司	53	7
招商局通商融资租赁有限公司	40	8

（五）中期票据

1. 政策目录

中期票据属于非金融企业债务融资工具中的一个品种，涉及的文件情况见表 3-15。

表 3-15　中期票据相关的政策文件情况

施行时间	文件名称	发布机构
2008-4-15	中国人民银行令〔2008〕第 1 号（《银行间债券市场非金融企业债务融资工具管理办法》）	人民银行
2020-6-12	关于发布《非金融企业债务融资工具发行规范指引》《非金融企业债务融资工具簿记建档发行工作规程》的公告（中国银行间市场交易商协会公告〔2020〕14 号）	交易商协会
2020-7-1	关于发布《非金融企业债务融资工具定向发行注册文件表格体系（2020 版）》《债务融资工具定向发行协议（2020 版）》的公告（中国银行间市场交易商协会〔2020〕6 号）	交易商协会

表3-15(续)

施行时间	文件名称	发布机构
2020-7-1	关于公布实施《非金融企业债务融资工具公开发行注册工作规程（2020版）》《非金融企业债务融资工具公开发行注册文件表格体系（2020版）》等有关事项的通知（中市协发〔2020〕42号）	交易商协会
2020-7-1	关于发布实施《非金融企业债务融资工具定向发行注册工作规程（2020版）》有关事项的通知（中市协发〔2020〕77号）	交易商协会
2020-12-31	关于修订《非金融企业债务融资工具注册发行规则》的公告（中国银行间市场交易商协会公告〔2020〕39号）	人民银行
2021-3-26	关于发布2021年版《非金融企业短期融资券业务指引》《非金融企业中期票据业务指引》《非金融企业超短期融资券业务指引》的公告（中国银行间市场交易商协会公告〔2021〕9号）	交易商协会
2021-5-1	关于发布实施《银行间债券市场非金融企业债务融资工具信息披露规则（2021版）》《银行间债券市场非金融企业债务融资工具存续期信息披露表格体系（2021版）》及《非金融企业债务融资工具募集说明书投资人保护机制示范文本（2021版）》等有关事项的通知（中市协发〔2021〕43号）	交易商协会
2021-8-11	中国人民银行公告〔2021〕第11号	人民银行
2021-8-13	《关于取消非金融企业债务融资工具信用评级要求有关事项的通知》（中市协发〔2021〕143号）	交易商协会

2. 定义及特点

中期票据是指具有法人资格的非金融企业在银行间债券市场发行的，约定在一定期限还本付息的债务融资工具。

融资租赁公司可作为中期票据的发行主体。发行中期票据的交易市场为银行间债券市场，发行事项主要的监管机构为中国人民银行，审批机构为中国银行间市场交易商协会。

中期票据是一种适合筹集中长期流动资金的募资工具，并且市场化程度高，可以灵活控制利率。

3. 操作

中期票据作为一类债务融资工具，其发行同样遵循交易商协会发布的针对非金融企业债务融资工具的一系列规则。发行前期准备、注册流程、文件清单、信息披露、发行方式等与前述债务融资工具情形基本一致。其中特殊的是，第四类企业注册中期票据的，在完成注册12个月后发行，应事前先向交易商协会备案。

4. 历史发行情况

2019—2021年，融资租赁公司发行中期票据的规模持续上升。据不完全统计：

2019年全年，融资租赁公司共发行12笔中期票据，发行金额合计120.60亿元。2020年全年，融资租赁公司共发行28笔中期票据，发行金额合计248.00亿元，规模是2019年的两倍以上；2021年全年，融资租赁公司共发行48笔中期票据，发行金额合计382.60亿元，较2020年又增加了54.3%。

2019—2021年，融资租赁公司发行中期票据的加权平均利率趋势如图3-10所示。

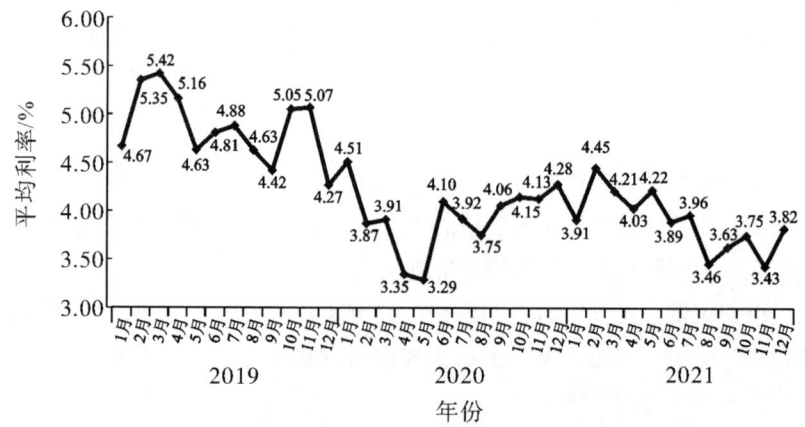

图3-10　2019—2021年融资租赁公司发行中期票据的加权平均利率趋势

参考图 3-11，融资租赁公司发行中期票据的加权平均利率，在 2019—2021 年有所起伏，呈波动下降的趋势，曾在 2020 年 4 月降至最低（3.02%）。

2021 年，融资租赁公司中通过发行中期票据，融资规模最大的十家公司如表 3-16 所示（按发行金额排序）。

表 3-16 2021 年融资租赁行业中期票据发行规模前 10 位

发行机构	发行金额/亿元	发行数量/支
中航国际租赁有限公司	61	7
远东国际融资租赁有限公司	48	6
平安国际融资租赁有限公司	37	5
国网国际融资租赁有限公司	25	3
招商局通商融资租赁有限公司	20	2
华能天成融资租赁有限公司	20	2
中交融资租赁有限公司	20	1
中电投融和融资租赁有限公司	20	2
中国环球租赁有限公司	16	3
海通恒信国际融资租赁股份有限公司	15	2

（六）非公开定向债务融资工具

1. 政策目录

非公开定向债务融资工具是一种定向募集的直接融资品种，和其他债务融资工具的发行方式基本相同，涉及的文件情况见表 3-17。

表 3-17 非公开定向债务融资工具相关的政策文件情况

施行时间	文件名称	发布机构
2008-4-15	《银行间债券市场非金融企业债务融资工具管理办法》（中国人民银行令〔2008〕第 1 号）	人民银行

表3-17(续)

施行时间	文件名称	发布机构
2020-7-1	关于发布《非金融企业债务融资工具定向发行注册文件表格体系（2020版）》《债务融资工具定向发行协议（2020版）》的公告（中国银行间市场交易商协会〔2020〕6号）	交易商协会
2020-7-1	关于发布实施《非金融企业债务融资工具定向发行注册工作规程（2020版）》有关事项的通知（中市协发〔2020〕77号）	交易商协会
2020-12-31	关于修订《非金融企业债务融资工具注册发行规则》的公告（中国银行间市场交易商协会公告〔2020〕39号）	交易商协会
2021-5-1	关于发布实施《银行间债券市场非金融企业债务融资工具信息披露规则（2021版）》《银行间债券市场非金融企业债务融资工具存续期信息披露表格体系（2021版）》及《非金融企业债务融资工具募集说明书投资人保护机制示范文本（2021版）》等有关事项的通知（中市协发〔2021〕43号）	交易商协会
2021-8-11	中国人民银行公告〔2021〕第11号	人民银行
2021-8-13	《关于取消非金融企业债务融资工具信用评级要求有关事项的通知》（中市协发〔2021〕143号）	交易商协会

2. 定义及特点

非公开定向发行是指具有法人资格的非金融企业，向银行间市场特定机构投资人发行债务融资工具，并在特定机构投资人范围内流通转让的行为。在银行间债券市场以非公开定向发行方式发行的债务融资工具称为非公开定向债务融资工具。

2015年11月，交易商协会引入专项机构投资人制度，又称"N+X制度"，即定向债务融资工具的投资人进一步分为"专项机构投资人（N）"和"特定机构投资人（X）"两类。

专项机构投资人是指除具有丰富的债券市场投资经验和风险识别能

力外，还熟悉定向债务融资工具风险特征和投资流程，具有承担风险的意愿和能力，自愿接受交易商协会自律管理，履行会员义务的合格机构投资人群体。

特定机构投资人是指了解并能够识别某发行人定向发行的特定债务融资工具风险特征和投资流程，具有承担该债务融资工具投资风险的意愿和能力，自愿接受交易商协会自律管理，履行会员义务的合格机构投资人。

融资租赁公司可作为非公开定向债务融资工具的发行主体，交易市场为银行间债券市场，主要的监管机构为中国人民银行，审批机关为中国银行间市场交易商协会。

非公开定向融资工具是一种比较特殊的融资途径，融资规模较小，适用于信用等级较低、信息披露较为困难的情况。非公开定向债务融资工具的发行期限主要集中在5年期及以下。

3. 操作

在报送注册文件前，融资租赁公司和主承销商应当确定定向投资人范围。向专项机构投资人和特定机构投资人（如有）定向发行债务融资工具的，应当按照交易商协会关于定向发行信息披露内容与格式的规定编制定向募集说明书等相关文件。只向部分经遴选的银行间债券市场合格机构投资人定向发行债务融资工具的，企业可编制定向募集说明书或与拟投资该债务融资工具的定向投资人签署定向发行协议，并就各方权利义务及注册发行相关事项等按照交易商协会关于定向发行信息披露内容与格式的规定进行约定。定向发行协议对签署各方具有约束力。

企业定向发行注册文件形式完备的，交易商协会接受注册，并向企业出具接受注册通知书，注册有效期2年。企业可在注册有效期内自主定向发行债务融资工具。成熟层企业统一注册多品种债务融资工具的，在注册有效期内可自主选择采用定向发行方式。统一注册模式项下选择定向发行，可自主选择按照定向发行或公开发行信息披露表格体系要求披露信息。

在注册有效期内自主定向发行债务融资工具，取消备案流程。

目前，交易商协会关于定向发行信息披露内容与格式的规定主要有

《非金融企业债务融资工具注册发行规则》《非金融企业债务融资工具定向发行注册文件表格体系（2020版）》以及《债务融资工具定向发行协议（2020版）》。定向发行债务融资工具的，仅需要至少于发行前一个工作日通过综合服务平台向银行间债券市场合格机构投资人定向披露当期发行文件。

《非金融企业债务融资工具定向发行注册文件表格体系（2020版）》明确，定向发行的注册文件包括注册文件清单、信息披露表格等，具体如下：

（1）注册文件清单列示企业注册债务融资工具应向交易商协会提交的要件。包括注册报告、推荐函、定向募集说明书、定向发行协议、审计报告、法律意见书、评级报告（如有）、信用增进（如有）、受托管理协议及补充要件（如有）等。

（2）定向发行注册文件的最低信息披露要求，包括定向募集说明书信息披露系列表、定向发行协议信息披露系列表、定向发行财务报告信息披露表、定向发行法律意见书信息披露表、定向发行信用增进信息披露、定向受托管理协议信息披露表、定向发行方案信息披露表、定向发行申购说明信息披露表、定向发行情况公告信息披露表等。

对于非公开定向发行的财务报告披露工作，交易商协会要求：采用定向募集说明书发行的，提供两年审计报告及半年度会计报表，采用定向协议发行的，提供近一年审计报告即可。针对成熟层企业和上市公司，如采用定向募集说明书方式的，不强制要求披露半年报情况。对于募集资金用途，成熟层企业如单独注册非公开定向债务融资工具，无须披露募集资金用途和发行条款；其他企业注册时均应按照《非金融企业债务融资工具定向发行注册文件表格体系（2020版）》相关要求披露发行条款和募集资金用途。特定产品、行业应符合相应补充表格要求。

4. 历史发行情况

与其他融资工具相比，融资租赁公司发行非公开定向债务融资工具的规模较小，并在2018—2021年逐年缩减。据不完全统计：

2018年全年，融资租赁公司共发行40笔非公开定向债务融资工具，发行金额共计317.50亿元；2019年全年，融资租赁公司共发行25笔非公开定向债务融资工具,发行金额合计193.00亿元;2020年全年,融资租赁公司共发行28笔非公开定向债务融资工具,发行金额合计186.00亿元;2021年,融资租赁公司共发行17笔非公开定向债务融资工具,发行金额合计140.50亿元。

2019—2021年,融资租赁公司发行非公开定向融资工具的加权平均利率趋势如图3-11所示。

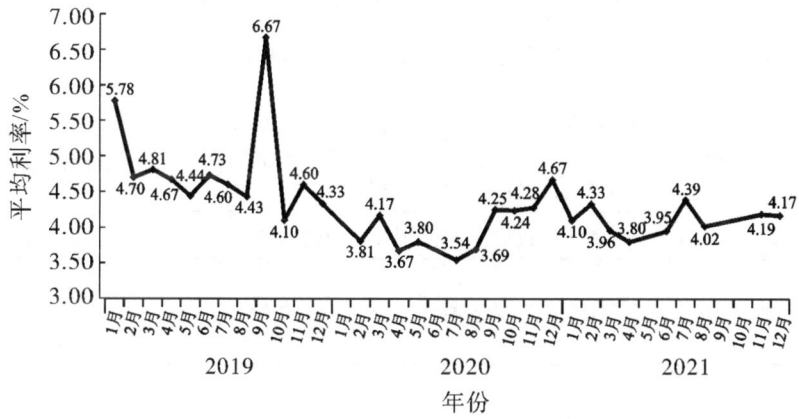

图3-11　2019—2021年融资租赁公司发行非公开
定向融资工具的加权平均利率趋势

(七)绿色债务融资工具

1. 政策目录

绿色债务融资工具是一种创新品种,涉及的文件情况见表3-18。

表3-18　绿色债务融资工具相关的政策文件情况

施行时间	文件名称	发布机构
2015-12-15	《关于在银行间债券市场发行绿色金融债券有关事宜的公告》(中国人民银行公告〔2015〕第39号)	人民银行

表3-18(续)

施行时间	文件名称	发布机构
2017-3-22	《非金融企业绿色债务融资工具业务指引》（中国银行间市场交易商协会公告〔2017〕10号）	交易商协会
2018-2-5	《关于加强绿色金融债券存续期监督管理有关事宜的通知》（银发〔2018〕29号）	人民银行
2019-4-26	《关于支持绿色金融改革创新试验区发行绿色债务融资工具的通知》（银发〔2019〕116号）	人民银行
2020-12-31	关于修订《非金融企业债务融资工具注册发行规则》的公告（中国银行间市场交易商协会公告〔2020〕39号）	交易商协会
2021-3-18	《关于明确碳中和债相关机制的通知》	交易商协会
2021-4-2	《绿色债券支持项目目录（2021年版）》	人民银行、发改委、证监会

2. 定义及特点

绿色债务融资工具，是指境内外具有法人资格的非金融企业在银行间市场发行的，募集资金专项用于节能环保、污染防治、资源节约与循环利用等绿色项目的债务融资工具。

2021年3月，交易商协会发布《关于明确碳中和债相关机制的通知》，进一步推出了绿色债务融资工具的子品种——碳中和债。交易商协会明确碳中和债是指募集资金专项用于具有碳减排效益的绿色项目的债务融资工具。并要求碳中和债募集资金应全部专项用于清洁能源、清洁交通、可持续建筑、工业低碳改造等绿色项目的建设、运营、收购及偿还绿色项目的有息债务，募投项目聚焦于低碳减排领域。

2021年4月，人民银行、发改委、证监会联合发布了《绿色债券支持项目目录（2021年版）》。2021年版目录规定，绿色债券是指将募集资金专门用于支持符合规定条件的绿色产业、绿色项目或绿色经济活动，依照法定程序发行并按约定还本付息的有价证券，包括但不限于绿色金融债券、绿色企业债券、绿色公司债券、绿色债务融资工具和绿色资产支持证券。

《非金融企业绿色债务融资工具业务指引》中规定，发行绿色债务融资工具的，应将募集资金用于绿色项目的建设、运营及补充配套流动资金，或偿还绿色贷款。其中绿色贷款应是为绿色项目提供的银行贷款或其他金融机构借款。同时，发行绿色债务融资工具还应设立募集资金监管账户，由资金监管机构对募集资金的到账、存储和划付实施管理，确保募集资金用于绿色项目。

3. 操作

绿色债务融资工具的发行与常规债务融资工具基本相似，但在资金使用、信息披露等方面更加严格，在审批流程方面更为快速。

企业发行绿色债务融资工具应在注册文件中明确披露绿色项目的具体信息，该信息包括但不限于：

（一）绿色项目的基本情况；

（二）所指定绿色项目符合相关标准的说明；

（三）绿色项目带来的节能减排等环境效益目标。

提交注册文件时，发行绿色债务融资工具的需提交绿色债务融资工具信息披露表和绿色评估报告信息披露表。其中工具信息披露表中的要点包括风险提示和说明、募集资金运用、信息披露安排等。评估报告信息披露表的要点包括介绍、评估内容、评估标准、评估意见、管理层职责、评估程序实施过程和情况、评估结论等。

此外，提交的基本注册文件清单还包括两项补充要件：募集资金专项账户监管协议以及绿色评估报告（如有）。在统一注册模式下，无需向交易商协会提交上述两项要件，但需作为备查文件。

存续期内，交易商协会要求企业应于每年4月30日前披露上一年度募集资金使用和绿色项目进展情况；每年8月31日前，披露本年度上半年募集资金使用和绿色项目进展情况。

4. 历史发行情况

根据公开数据统计，2019—2021年融资租赁公司发行绿色债务融资工具的情况见表3-19。

表3-19 2019—2021年融资租赁公司绿色债务融资工具发行情况

债券类别	2019年 发行数量/支	2019年 发行规模/亿元	2020年 发行数量/支	2020年 发行规模/亿元	2021年 发行数量/支	2021年 发行规模/亿元
资产支持票据（ABN）	2	23.58	4	48.96	11	162.21
超短期融资券					1	5
非公开定向融资工具	2	15				
中期票据			3	20	8	73

2021年，全国银行间债券市场的绿色债务融资工具发行规模明显增长。全年共发行20支绿色债务融资工具产品，其中绿色ABN发行规模162.21亿元，绿色超短融发行规模5亿元，绿色中期票据发行规模73亿元。

（八）公司债

1. 政策目录

公司债是企业最常用的融资方式之一，涉及的文件情况见表3-20。

表3-20 公司债相关的政策文件情况

施行时间	文件名称	发布机构
2007-8-14	《公司债券发行试点办法》（中国证券监督管理委员会令第49号）	证监会
2016-4-22	《关于开展绿色公司债券业务试点的通知》（深证上〔2016〕206号）	深圳交易所
2019-12-20	《非公开发行公司债券项目承接负面清单指引（2019年修订）》	中国证券业协会
2020-3-1	《中华人民共和国证券法（2019年修订）》（主席令第37号）	全国人大常务委员会

表3-20(续)

施行时间	文件名称	发布机构
2020-3-1	《关于贯彻实施修订后的证券法有关工作的通知》（国办发〔2020〕5号）	国务院
2020-3-1	《关于公开发行公司债券实施注册制有关事项的通知》（证监办发〔2020〕14号）	证监会
2021-2-26	《公司债券发行与交易管理办法（2021年修订）》（证监会令【第180号】）	证监会
2021-12-23	《公开发行证券的公司信息披露内容与格式准则第24号—公开发行公司债券申请文件（2021年修订）》（证监会公告〔2021〕47号）	证监会
2021-5-1	关于发布《上海证券交易所公司债券发行上市审核规则适用指引第1号——申请文件及编制（2021年修订）》的通知上证发（〔2021〕27号）	上海证券交易所
2022-4-22	关于发布《上海证券交易所公司债券上市规则（2022年修订）》的通知（上证发〔2022〕58号）	上海证券交易所
2022-4-22	关于发布《上海证券交易所公司债券发行上市审核规则》的通知（上证发〔2022〕57号）	上海证券交易所
2022-4-22	关于发布《上海证券交易所公司债券发行上市审核规则适用指引第3号——审核重点关注事项（2022年修订）》的通知（上证发〔2022〕63号）	上海证券交易所
2022-4-22	关于发布《上海证券交易所非公开发行公司债券挂牌规则》的通知（上证发〔2022〕59号）	上海证券交易所
2022-4-22	关于发布《深圳证券交易所公司债券发行上市审核规则》的通知（深证上〔2022〕390号）	深圳证券交易所
2022-4-22	关于发布《深圳证券交易所公司债券上市规则（2022年修订）》的通知（深证上〔2022〕391号）	深圳证券交易所

表3-20(续)

施行时间	文件名称	发布机构
2022-4-22	关于发布《深圳证券交易所非公开发行公司债券挂牌规则（2022年修订）》的通知（深证上〔2022〕392号）	深圳证券交易所
2022-4-29	关于发布《深圳证券交易所公司债券发行上市审核业务指引第2号——申请文件及其编制要求》的通知（深证上〔2022〕438号）	深圳证券交易所
2022-4-29	关于发布《深圳证券交易所公司债券发行上市审核业务指引第1号——审核重点关注事项（2022年修订）》的通知（深证上〔2022〕437号）	深圳证券交易所
2022-8-1	关于发布修订后的《非公开发行公司债券报备管理办法》的通知（中证协发〔2022〕120号）	中国证券业协会

2. 定义及特点

公司债券是指公司依照法定程序发行的、约定在一定期限还本付息的有价证券。

按债券期限，公司债可分为短期公司债、中期公司债和长期公司债，短期公司债期限在1年以内，中期公司债期限在1~5年，长期公司债期限在5年以上；按发行方式，公司债券可分为公募债券和私募债券，私募债券的发行手续相对简单；按债券有无担保，公司债券可分为信用债券和担保债券，信用债券系发行人凭自己的信用发行的、无担保债券；按债券票面利率是否变动，公司债可分为固定利率债券、浮动利率债券和累进利率债券。

公司债的发行主体为公司制法人（包括上市公司、非上市公众公司及非上市的公司制法人）。公司债券的主要参与者包括公司债的发行人、投资者、承销商及其他中介机构、公司债市场的监督机构等。公司债券业务的主要监管机构为中国证券监督管理委员会。

2016年4月，深圳交易所发布《关于开展绿色公司债券业务试点的通知》，通知明确，绿色公司债券是指依照《公司债券管理办法》及相关规则发行的、募集资金用于支持绿色产业的公司债券。同绿色金融债类似，除常规发行要求外，绿色公司债主要对申报材料、募集资金管理、存续信息披露等方面要求更加严格，同时审批效率更加快速。

2020年5月，上交所、深交所先后发布《关于开展公开发行短期公司债券试点有关事项的通知》，短期公司债券开始进入试点阶段，有望弥补此前公司债券期限1年以下品种的空白。试点期间，短期公司债券仅面向专业投资者公开发行。

对于融资租赁公司来说，公司债的特点是募集资金使用灵活，不强制有募投项目；融资效率高，发行方式灵活，具有多种选择权。特别是非公开发行的私募债，发行效率较高，限制条件少。

3. 操作

因面向的发行对象不同，公司债的发行分为公开发行和非公开发行。两种发行方式的要求有所不同。

公开发行公司债券

2020年3月，新修订的《中华人民共和国证券法》（以下简称《证券法》）开始施行，同时，国务院办公厅印发《关于贯彻实施修订后的证券法有关工作的通知》，明确公开发行公司债券实施注册制。2021年2月，证监会发布修订后的《公司债券发行与交易管理办法》，明确公开发行公司债券由证券交易所受理、审核，并报证监会注册。

在进入发行申请环节前，融资租赁公司首先需确定融资意向，与券商接洽确定发行方案，随后需聘请主承销商、律师、会计师等中介机构，签订承销协议，中介进行尽职调查后与发行人一起制作申报材料，发行人召开董事会审议融资方案，作出决议。然后由主承销商向交易所申报发行申请，通过审核并在证监会完成注册后，进入发行上市阶段，公告募集办法，确定最终票面利率，完成发行获得募集资金，最后申请在交易所上市交易，发布上市公告。

《公司债券发行与交易管理办法》规定，发行公司债券，发行人应当依照《中华人民共和国公司法》（以下简称《公司法》）或者公司章程相关规定对以下事项作出决议：

（一）发行债券的数量；

（二）发行方式；

（三）债券期限；

（四）募集资金的用途；

（五）决议的有效期；

（六）其他按照法律法规及公司章程规定需要明确的事项。

公开发行公司债券应该符合下列条件：

（一）具备健全且运行良好的组织机构；

（二）最近三年平均可分配利润足以支付公司债券一年的利息；

（三）具有合理的资产负债结构和正常的现金流量；

（四）国务院规定的其他条件。

存在下列情形之一的，不得再次公开发行公司债券：

（一）对已公开发行的公司债券或者其他债务有违约或者延迟支付本息的事实，仍处于继续状态；

（二）违反《证券法》规定，改变公开发行公司债券所募资金用途。

面对公开发行公司债券的情形，在投资者方面还有如下规定：

资信状况符合以下标准的公开发行公司债券，专业投资者和普通投资者可以参与认购：

（一）发行人最近三年无债务违约或者延迟支付本息的事实；

（二）发行人最近三年平均可分配利润不少于债券一年利息的1.5倍；

（三）发行人最近一期末净资产规模不少于250亿元；

（四）发行人最近36个月内累计公开发行债券不少于3期，发行规模不少于100亿元；

（五）中国证监会根据投资者保护的需要规定的其他条件。

未达到前款规定标准的公开发行公司债券，仅限于专业投资者参与认购。

对于公开发行公司债券所募集资金的用途，《公司债券发行与交易管理办法》规定：

公开发行公司债券筹集的资金，必须按照公司债券募集说明书所列资金用途使用；改变资金用途，必须经债券持有人会议作出决议。非公开发行公司债券，募集资金应当用于约定的用途；改变资金用途，应当履行募集说明书约定的程序。公开发行公司债券筹集的资金，不得用于弥补亏损和非生产性支出。发行人应当指定专项账户，用于公司债券募集资金的接收、存储、划转。

《证券法》规定，申请公开发行公司债券，应当向国务院授权的部门或者国务院证券监督管理机构报送下列文件：

（一）公司营业执照；

（二）公司章程；

（三）公司债券募集办法；

（四）国务院授权的部门或者国务院证券监督管理机构规定的其他文件。

依照本法规定聘请保荐人的，还应当报送保荐人出具的发行保荐书。

参照《公开发行证券的公司信息披露内容与格式准则第 24 号——公开发行公司债券申请文件（2021 年修订）》，公开发行公司债券的申请文件目录包括但不限于以下五个方面的内容：

1 本次公司债券发行的募集文件

1-1 募集说明书（申报稿）

1-2 募集说明书摘要（如有）

2 发行人关于本次公司债券发行的申请与授权文件

2-1 发行人关于本次公司债券发行的申请报告

2-2 发行人董事会、股东会或股东大会（或者法律法规以及公司章程规定的有权机构）关于本次公司债券发行的决议

2-3 监事会对募集说明书真实性、准确性、完整性的审核意见

3 主承销商关于本次公司债券发行的文件

3-1 主承销商核查意见，主要内容应当包括：

（1）发行人基本情况；

（2）公司债券主要发行条款；

（3）发行人是否履行了规定的内部决策程序；

（4）对募集文件真实性、准确性和完整性的核查意见，包括募集文件中与发行条件相关的内容是否符合相关法律法规及部门规章规定的意见；

（5）发行人存在的主要风险；

(6) 主承销商已按照有关规定进行尽职调查和审慎核查的承诺；

(7) 主承销商是否履行了内核程序，以及内核关注的主要问题、解决情况以及内核意见；

(8) 发行人本次发行公司债券，是否符合地方政府性债务管理的相关规定的核查意见（适用于地方政府及其部门或机构直接或间接控股的发行人）；

(9) 中国证监会要求的其他内容。

4 发行人律师关于本次公司债券发行的文件

4-1 法律意见书

4-2 关于申请电子文件与预留原件一致的鉴证意见

5 其他文件

5-1 发行人营业执照及公司章程

5-2 发行人最近三年的财务报告和审计报告及最近一期的财务报告或会计报表（截至此次申请时，最近三年内发生重大资产重组的发行人，同时应当提供重组前一年的备考财务报告以及审计或审阅报告和重组进入公司的资产的财务报告、资产评估报告和/或审计报告）

5-3 发行人董事会（或者法律法规及公司章程规定的有权机构）、会计师事务所及注册会计师关于非标准意见审计报告（如有）的补充意见

5-4 本次公司债券发行募集资金使用的有关文件

5-5 债券受托管理协议

5-6 债券持有人会议规则

5-7 资信评级机构为本次发行公司债券出具的资信评级报告（如有）

5-8 本次发行公司债券的担保合同、担保函、担保人就提供担保获得的授权文件（如有）；担保财产的资产评估文件（如为抵押或质押担保）

5-9 担保人最近一年的财务报告（注明是否经审计）及最近一期的财务报告或会计报表（如有）

5-10 特定行业主管部门出具的监管意见书

5-11 发行人董事、监事和高级管理人员对发行申请文件真实性、准确性和完整性的确认意见

5-12 发行人关于申请文件不适用情况的说明（如有）

5-13 发行人信息披露豁免申请（如有）
5-14 发行人及主承销商关于申请电子文件与预留原件一致的承诺函
5-15 中国证监会或证券交易所规定的其他文件

证券交易所收到上述注册申请文件后，在五个工作日内作出是否受理的决定。明确受理后，交易所将开展审核工作。对于认为发行人符合发行条件和信息披露要求的，交易所将审核意见、注册申请文件及相关审核资料报送中国证监会履行发行注册程序。认为发行人不符合发行条件或信息披露要求的，交易所作出终止发行上市审核决定。具体操作流程见图3-12。

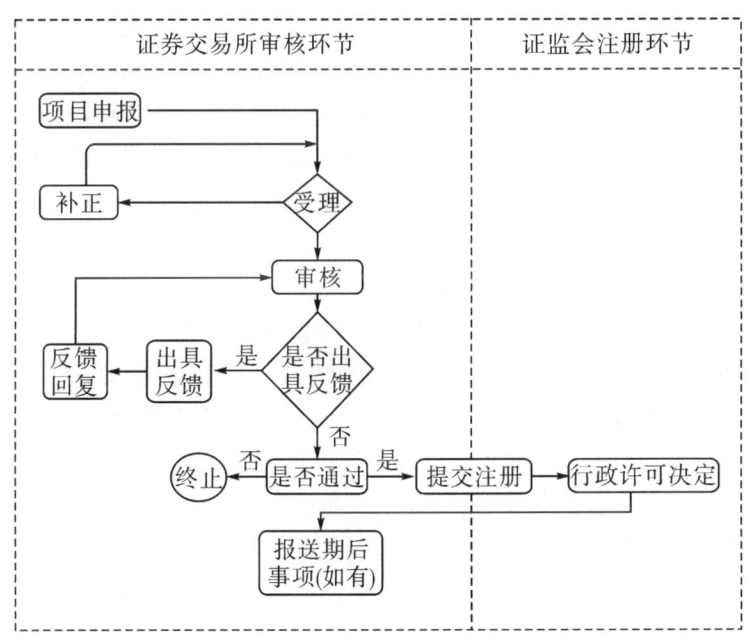

图 3-12 公司债券审核流程

针对公司债券，深圳交易所和上海证券交易所均制定了明确的审核规则，审核事项主要参照《上海证券交易所公司债券发行上市审核规则适用指引第3号——审核重点关注事项（2022年修订）》以及《深圳证券交易所公司债券发行上市审核业务指引第1号——审核重点关注事项（2022年修订）》。

证监会收到证券交易所报送的审核意见、发行人注册申请文件及相关审核资料后，履行发行注册程序。证券交易所应当自受理注册申请文件之日起两个月内出具审核意见，证监会应当自证券交易所受理注册申请文件之日起三个月内作出同意注册或者不予注册的决定。

公开发行公司债券可以申请一次注册，分期发行，注册有效期为2年，发行人可在有效期内并自主选择发行时点。此外，募集说明书自最后签署之日起六个月内有效，需及时更新并在每期发行前报证券交易所备案。在债券上市前，若发现可能影响发行的重大事项的，证监会还可以要求暂缓或者暂停发行、上市；导致不符合发行条件的，还可以撤销注册。

公开发行公司债券的发行方式也包含招标和簿记建档两种，目前市场上的信用债多采取簿记建档方式。簿记建档发行，是指公司债券公开发行的利率或者价格以询价等市场化方式确定，即发行人和承销机构协商确定利率或者价格区间后，向市场公布发行文件，由投资者发出申购订单，再由簿记管理人记录投资者认购公司债券利率或者价格及数量意愿，按约定的定价和配售规则确定最终发行利率或者价格并进行配售的行为。

非公开发行公司债券

《公司债券发行与交易管理办法》规定，非公开发行的公司债券应当向专业投资者发行，不得采用广告、公开劝诱和变相公开方式，每次发行对象不得超过两百人。非公开发行公司债券，承销机构或依照规定自行销售的发行人应当在每次发行完成后五个工作日内向中国证券业协会报备。

非公开发行公司债券实行负面清单管理，即存在特定情形的发行人列入负面清单。根据中国证券业协会发布的《非公开发行公司债券项目承接负面清单指引》规定，存在以下情形的发行人，不得非公开发行公司债券项目：

一、存在以下情形的发行人

（一）最近24个月内公司财务会计文件存在虚假记载，或公司存在其他重大违法行为。

（二）对已发行的公司债券或者其他债务有违约或迟延支付本息的事实，仍处于继续状态。

（三）存在违规对外担保或者资金被关联方或第三方以借款、代偿债务、代垫款项等方式违规占用的情形，仍处于继续状态。

（四）最近12个月内因违反公司债券相关规定被中国证监会采取行

政监管措施，或最近 6 个月内因违反公司债券相关规定被证券交易所等自律组织采取纪律处分，尚未完成整改的。

（五）最近两年内财务报表曾被注册会计师出具保留意见且保留意见所涉及事项的重大影响尚未消除，或被注册会计师出具否定意见或者无法表示意见的审计报告。

（六）因严重违法失信行为，被有权部门认定为失信被执行人、失信生产经营单位或者其他失信单位，并被暂停或限制发行公司债券。

（七）擅自改变前次发行公司债券募集资金的用途而未做纠正。

（八）本次发行募集资金用途违反相关法律法规或募集资金投向不符合国家产业政策。

（九）除金融类企业外，本次发行债券募集资金用途为持有以交易为目的的金融资产、委托理财等财务性投资，或本次发行债券募集资金用途为直接或间接投资于以买卖有价证券为主要业务的公司。

（十）本次发行文件存在虚假记载、误导性陈述或重大遗漏。

（十一）存在严重损害投资者合法权益和社会公共利益情形。

二、以下特殊行业或类型的发行人

（十二）地方融资平台公司。本条所指的地方融资平台公司是指根据国务院相关文件规定，由地方政府及其部门和机构等通过财政拨款或注入土地、股权等资产设立，承担政府投资项目融资功能，并拥有独立法人资格的经济实体。

（十三）主管部门认定的存在"闲置土地""炒地""捂盘惜售""哄抬房价"等违法违规行为的房地产公司。

（十四）典当行。

（十五）未能同时满足以下条件的担保公司：

（1）经营融资担保业务满 3 年；

（2）注册资本不低于人民币 6 亿元；

（3）主体信用评级 AA 级（含）以上；

（4）近三年无重大违法违规行为。

（十六）未能同时满足以下条件的小贷公司：

（1）经省级主管机关批准设立或备案，且成立时间满 2 年；

（2）省级监管评级或考核评级最近两年连续达到最高等级；

（3）主体信用评级达到 AA 级（含）以上。

2022 年 5 月，中国证券业协会发布《非公开发行公司债券报备管理办法》，进一步规范非公开发行公司债券报备管理。其中规定，拟在证券交易场所、柜台转让的非公开发行公司债券，报备义务人应当在每次发行完成后 5 个工作日内向协会报送报备登记表，同时报送发行人内设有权机构关于本期非公开发行公司债券发行事项的决议、公司债券募集说明书、发行结果公告、承销总结报告等协会要求报备的其他材料。该办法将自 2022 年 8 月 1 日起正式施行。

在完成债券发行后，还需向交易所提交上市或挂牌申请。

以上海证券交易所为例，《上海证券交易所公司债券上市规则（2022 年修订）》中明确：

发行人申请债券上市，应当符合下列条件：

（一）符合《证券法》等法律、行政法规规定的公开发行条件；

（二）经有权部门注册并依法完成发行；

（三）债券持有人符合本所投资者适当性管理规定；

（四）本所规定的其他条件。

债券发行后，发行人应当及时向本所提交发行结果公告、债券实际募集数额的证明文件等上市申请所需材料。

交易所在收到完备的上市申请有关文件后，及时决定是否同意上市。同意上市的，按照相关规定办理债券上市，并与上市发行人签订证券上市协议，明确双方的权利义务和自律管理等有关事项。

《上海证券交易所非公开发行公司债券挂牌规则》规定：

发行人申请债券挂牌，应当符合下列条件：

（一）符合《公司债券发行与交易管理办法》等的相关规定；

（二）债券持有人符合本所投资者适当性管理规定；

（三）本所规定的其他条件。

申请债券挂牌条件确认，应当按照本所相关规定向本所提交下列债券挂牌申请文件：

（一）债券挂牌转让申请书；

（二）债券募集文件；

（三）财务报告和审计报告；

（四）主承销商核查意见；

（五）法律意见书；

（六）本所要求的其他文件。

本所依据法律法规、本规则及本所其他相关规则，对债券是否符合挂牌条件进行确认。

债券依法完成发行后，发行人应当及时向本所提交发行结果公告、债券实际募集数额的证明文件等挂牌所需材料。

交易所在收到前述有关材料后，按照相关规定办理债券挂牌，并与发行人签订相关协议，明确双方的权利义务和自律管理等有关事项。

4. 历史发行情况

2019—2021 年，融资租赁公司发行公司债的总规模有所扩增。据不完全统计：

2019 年，融资租赁公司发行公司债数量合计 65 笔，规模合计约 566.50 亿元；2020 年全年，融资租赁公司发行公司债数量合计 109 笔，规模合计约 1 068.55 亿元；2021 年全年，融资租赁公司发行公司债数量合计 93 笔，规模合计约 801.50 亿元。

2019—2021 年，融资租赁公司发行公司债的加权平均利率趋势如图 3-13 所示。

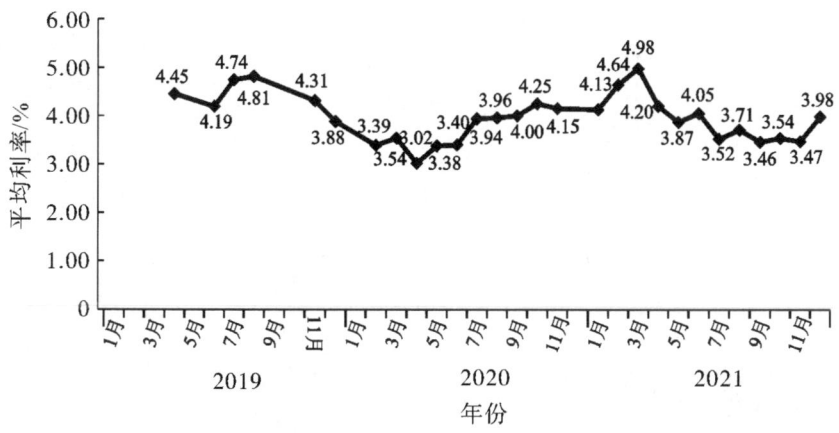

图 3-13　2019—2021 年融资租赁公司发行公司债的加权平均利率趋势

参考图3-13，融资租赁公司发行公司债的加权平均利率，在2019—2021年有所起伏，呈波动下降趋势，曾在2020年5月降至最低（3.29%）。

2021年，融资租赁公司中通过发行公司债，融资规模最大的十家公司如表3-21所示（按发行金额排序）。

表3-21 2021年融资租赁行业公司债发行规模前10位

发行机构	发行金额/亿元	发行数量/支
远东国际融资租赁有限公司	182	12
平安国际融资租赁有限公司	95	10
中航国际租赁有限公司	71	8
海通恒信国际融资租赁股份有限公司	54.3	7
中电投融和融资租赁有限公司	43	4
中国环球租赁有限公司	36.5	5
华电融资租赁有限公司	30	4
大唐融资租赁有限公司	29	5
中建投融资租赁股份有限公司	26	4
华能天成融资租赁有限公司	25	3

四、股票市场筹资

股票市场是股票发行和交易的场所。融资是上市公司的主要目的，融资方式主要包括 IPO 融资和再融资。

IPO 融资即首次公开募股（Initial Public Offering,）是指一家企业第一次将它的股份向公众出售。一般来说，一旦首次公开上市完成后，企业就可以申请到证券交易所或报价系统挂牌交易。

再融资的三种方式是：①配股，是指上市公司向原股东发行新股和筹集资金的行为；②增发，它分为公开定向增发和非定向增发，非定向增发也是股份扩张，面向全体股东，而定向增发主要面向机构投资者；③可转债，是指债券持有人可按照发行时约定的价格，将债券转换成公司普通股票的债券。

一般租赁公司可选择在 A 股、港股进行 IPO，上市场所包括上交所、深交所、港交所以及新三板等。

（一）A 股上市

1. 政策目录

企业在 A 股上市需要满足规定的条件，同时遵循一定的上市规则，涉及的文件情况见表 4-1。

表 4-1 A 股上市相关的政策文件情况

施行时间	文件名称	发布机构
2018-10-19	《深圳证券交易所首次公开发行股票发行与上市指南（2018年修订）》（深证上〔2018〕492号）	深圳证券交易所
2018-10-26	《中华人民共和国公司法（2018年修订）》（主席令第15号）	全国人大常务委员会
2020-3-1	《中华人民共和国证券法（2019年修订）》（主席令第37号）	全国人大常务委员会
2020-3-23	《中国银保监会非银行金融机构行政许可事项实施办法》（中国银行保险监督管理委员会令2020年第6号）	银保监会
2020-6-12	关于发布《上海证券交易所主板首次公开发行股票发行与上市业务指南》的通知（上证函〔2020〕1175号）	上海证券交易所
2022-1-7	关于发布《上海证券交易所股票上市规则（2022年1月修订）》的通知（上证发〔2022〕1号）	上海证券交易所
2022-1-7	关于发布《深圳证券交易所股票上市规则（2022年修订）》的通知（深证上〔2022〕12号）	深圳证券交易所
2022-4-8	《关于修改〈首次公开发行股票并上市管理办法〉的决定》（证监会令第196号）	证监会

IPO 准入的基本规定主要依据《公司法》《证券法》《首次公开发行股票并上市管理办法》。

《公司法》（2018 年修订）规定公开发行股票的条件：

（1）发起人向社会公开募集股份，应当由依法设立的证券公司承销，签订承销协议。

（2）发起人向社会公开募集股份，应当同银行签订代收股款协议。

（3）股份的发行，实行公平、公正的原则，同种类的每一股份应当具有同等权利。

同次发行的同种类股票，每股的发行条件和价格应当相同；任何单位或者个人所认购的股份，每股应当支付相同价额。

(4) 股票发行价格可以按票面金额，也可以超过票面金额，但不得低于票面金额。

(5) 公司发行新股，股东大会应当对下列事项做出决议：①新股种类及数额；②新股发行价格；③新股发行的起止日期；④向原有股东发行新股的种类及数额。

《证券法》(2019年修订) 规定公开发行股票的条件：

设立股份有限公司公开发行股票，应当符合《中华人民共和国公司法》规定的条件和经国务院批准的国务院证券监督管理机构规定的其他条件，向国务院证券监督管理机构报送募股申请和下列文件：①公司章程；②发起人协议；③发起人姓名或者名称，发起人认购的股份数、出资种类及验资证明；④招股说明书；⑤代收股款银行的名称及地址；⑥承销机构名称及有关的协议。依照本法规定聘请保荐人的，还应当报送保荐人出具的发行保荐书。法律、行政法规规定设立公司必须报经批准的，还应当提交相应的批准文件。

公司首次公开发行新股，应当符合下列条件：①具备健全且运行良好的组织机构；②具有持续盈利能力，财务状况良好；③最近三年财务会计文件无虚假记载，无其他重大违法行为；④经国务院批准的国务院证券监督管理机构规定的其他条件。

公司公开发行新股，应当向国务院证券监督管理机构报送募股申请和下列文件：①公司营业执照；②公司章程；③股东大会决议；④招股说明书；⑤财务会计报告；⑥代收股款银行的名称及地址；⑦承销机构名称及有关的协议。依照本法规定聘请保荐人的，还应当报送保荐人出具的发行保荐书。

公司对公开发行股票所募集资金，必须按照招股说明书所列资金用途使用。改变招股说明书所列资金用途，必须经股东大会作出决议。擅自改变用途而未做纠正的，或者未经股东大会认可的，不得公开发行新股。

《首次公开发行股票并上市管理办法》规定公开发行股票的条件：

(1) 发行人应当是依法设立且合法存续的股份有限公司。经国务院批准，有限责任公司在依法变更为股份有限公司时，可以采取募集设立方式公开发行股票。

(2) 发行人自股份有限公司成立后,持续经营时间应当在 3 年以上。有限责任公司按原账面净资产值折股整体变更为股份有限公司的,持续经营时间可以从有限责任公司成立之日起计算。

(3) 发行人的注册资本已足额缴纳,发起人或者股东用作出资的资产的财产权转移手续已办理完毕,发行人的主要资产不存在重大权属纠纷。

(4) 发行人的生产经营符合法律、行政法规和公司章程的规定,符合国家产业政策。

(5) 发行人最近 3 年内主营业务和董事、高级管理人员没有发生重大变化,实际控制人没有发生变更。

(6) 发行人的股权清晰,控股股东和受控股股东、实际控制人支配的股东持有的发行人股份不存在重大权属纠纷。

(7) 发行人已经依法建立健全股东大会、董事会、监事会、独立董事、董事会秘书制度,相关机构和人员能够依法履行职责。

(8) 发行人的董事、监事和高级管理人员已经了解与股票发行上市有关的法律法规,知悉上市公司及其董事、监事和高级管理人员的法定义务和责任。

(9) 发行人的董事、监事和高级管理人员符合法律、行政法规和规章规定的任职资格,且不得有下列情形:①被中国证监会采取证券市场禁入措施尚在禁入期的;②最近 36 个月内受到中国证监会行政处罚,或者最近 12 个月内受到证券交易所公开谴责;③因涉嫌犯罪被司法机关立案侦查或者涉嫌违法违规被中国证监会立案调查,尚未有明确结论意见。

(10) 发行人的内部控制制度健全且被有效执行,能够合理保证财务报告的可靠性、生产经营的合法性、营运的效率与效果。

(11) 发行人不得有下列情形:①最近 36 个月内未经法定机关核准,擅自公开或者变相公开发行过证券;或者有关违法行为虽然发生在 36 个月前,但目前仍处于持续状态;②最近 36 个月内违反工商、税收、土地、环保、海关以及其他法律、行政法规,受到行政处罚,且情节严重;③最近 36 个月内曾向中国证监会提出发行申请,但报送的发行申请文件有虚假记载、误导性陈述或重大遗漏;或者不符合发行条件以欺骗手段骗取发行核准;或者以不正当手段干扰中国证监会及其发行审核委员会审核工作;或者伪造、变造发行人或其董事、监事、高级管理人员的签字、盖章；④本次报送的发行申请文件有虚假记载、误导性陈述或者重大遗漏；⑤涉嫌犯罪被司法机关立案侦查，尚未有明确结论意见；⑥严重损害投资者合法权益和社会公共利益的其他情形。

（12）发行人的公司章程中已明确对外担保的审批权限和审议程序，不存在为控股股东、实际控制人及其控制的其他企业进行违规担保的情形。

（13）发行人有严格的资金管理制度，不得有资金被控股股东、实际控制人及其控制的其他企业以借款、代偿债务、代垫款项或者其他方式占用的情形。

（14）发行人资产质量良好，资产负债结构合理，盈利能力较强，现金流量正常。

（15）发行人的内部控制在所有重大方面是有效的，并由注册会计师出具了无保留结论的内部控制鉴证报告。

（16）发行人会计基础工作规范，财务报表的编制符合企业会计准则和相关会计制度的规定，在所有重大方面公允地反映了发行人的财务状况、经营成果和现金流量，并由注册会计师出具了无保留意见的审计报告。

（17）发行人编制财务报表应以实际发生的交易或者事项为依据；在进行会计确认、计量和报告时应当保持应有的谨慎；对相同或者相似的经济业务，应选用一致的会计政策，不得随意变更。

（18）发行人应完整披露关联方关系并按重要性原则恰当披露关联交易。关联交易价格公允，不存在通过关联交易操纵利润的情形。

（19）发行人应当符合下列条件：①最近3个会计年度净利润均为正数且累计超过人民币3 000万元，净利润以扣除非经常性损益前后较低者为计算依据；②最近3个会计年度经营活动产生的现金流量净额累计超过人民币5 000万元；或者最近3个会计年度营业收入累计超过人民币3亿元；③发行前股本总额不少于人民币3 000万元；④最近一期期末无形资产（扣除土地使用权、水面养殖权和采矿权等后）占净资产的比例不高于20%；⑤最近一期期末不存在未弥补亏损。

中国证监会根据《关于开展创新企业境内发行股票或存托凭证试点

的若干意见》等规定认定的试点企业（以下简称试点企业），可不适用前款第（一）项、第（五）项规定。

（20）发行人依法纳税，各项税收优惠符合相关法律法规的规定。发行人的经营成果对税收优惠不存在严重依赖。

（21）发行人不存在重大偿债风险，不存在影响持续经营的担保、诉讼以及仲裁等重大或有事项。

（22）发行人申报文件中不得有下列情形：①故意遗漏或虚构交易、事项或者其他重要信息；②滥用会计政策或者会计估计；③操纵、伪造或篡改编制财务报表所依据的会计记录或者相关凭证。

（23）发行人不得有下列影响持续盈利能力的情形：①发行人的经营模式、产品或服务的品种结构已经或者将发生重大变化，并对发行人的持续盈利能力构成重大不利影响；②发行人的行业地位或发行人所处行业的经营环境已经或者将发生重大变化，并对发行人的持续盈利能力构成重大不利影响；③发行人最近一个会计年度的营业收入或净利润对关联方或者存在重大不确定性的客户存在重大依赖；④发行人最近一个会计年度的净利润主要来自合并财务报表范围以外的投资收益；⑤发行人在用的商标、专利、专有技术以及特许经营权等重要资产或技术的取得或者使用存在重大不利变化的风险；⑥其他可能对发行人持续盈利能力构成重大不利影响的情形。

2. IPO 流程及操作

在确定符合 IPO 基本条件后，企业进入上市流程，主要分为五个阶段：改制与设立股份公司、尽职调查与辅导、申请文件的制作与申报、申请文件的审核、发行与上市。具体操作步骤如下：

（1）改制与设立股份公司

企业确定上市计划或拟定改制重组方案，聘请中介对方案进行可行性论证；对资产进行审计，评估；签署发起人协议和起草公司章程等文件；设置公司内部组织结构，登记设立股份有限公司。

在该阶段，金融租赁公司变更公司名称及公司章程同样需报银保监会派出机构审批通过。融资租赁公司则需报地方金融局审批。

(2) 尽职调查与辅导

保荐机构和其他中介机构对公司进行尽职调查、问题诊断、专业培训和业务指导；完善组织和内部管理，规范企业行为，明确业务发展目标和募集资金投向；对照发行上市对存在的问题进行整改，准备首次公开发行申请文件。

(3) 申请文件的制作与申报

企业和所聘请的中介机构，按证监会的要求制作申请文件；保荐机构进行内核并向证监会尽职推荐；符合申报条件的，证监会在5个工作日内受理申请文件。

(4) 申请文件的审核

①初审。证监会正式受理申请文件后进行初审，同时征求省级政府和国家有关部委意见；证监会向保荐机构反馈意见，保荐机构组织发行人和中介机构对审核意见进行回复或审核；证监会根据初审意见补充完善的申请文件进一步审核。初审结束后，进行申请文件预披露。

②发审委审核。将初审报告和申请文件提交发行审核委员会审核；依据发审委审核意见，证监会对发行人申请作出决定。

(5) 发行与上市

刊登招股意向书、进行预路演、路演及初步询价；确定发行价格、网上网下发行；向交易所递交上市申请；上市交易。

《中国银保监会非银行金融机构行政许可事项实施办法》规定：非银行金融机构以公开募集和上市交易股份方式，以及已上市的非银行金融机构以配股或募集新股份的方式变更注册资本的，应当符合中国证监会规定的条件。向中国证监会申请前，有关方案应先获得银保监会或其派出机构的批准，许可程序适用本办法第一百二十一条的规定。具体规定如下：

变更股权或调整股权结构引起实际控制人变更的，由所在地省级派出机构受理并初步审查、银保监会审查并决定，决定机关自受理之日起3个月内作出批准或不批准的书面决定。

变更股权或调整股权结构须经审批且未引起实际控制人变更的，由地市级派出机构或所在地省级派出机构受理并初步审查、省级派出机构审查并决定，决定机关自受理之日起3个月内作出批准或不批准的书面决定，并抄报银保监会。

因此金融租赁公司在申请上市前需先报主管监督管理机构审批通过，再开展下一步工作。融资租赁公司目前尚未有明确规定。

根据证监会系列法规文件，首次公开发行的办事流程如图4-1所示。

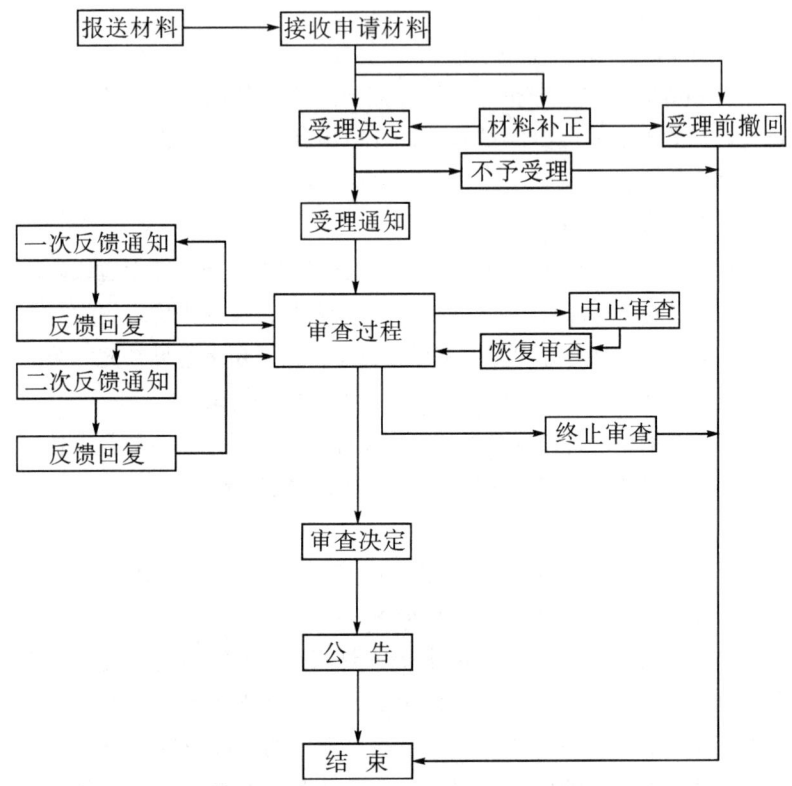

图4-1　证监会对首次公开发行股票的审查流程

租赁公司需要事前准备招股说明书、发行保荐书等。在发行申请文件被证监会接受之后，首次公开发行的审核工作流程还包括受理、反馈会、初审会、发审会、封卷、核准发行等主要环节。主要流程如图4-2所示。

四、股票市场筹资

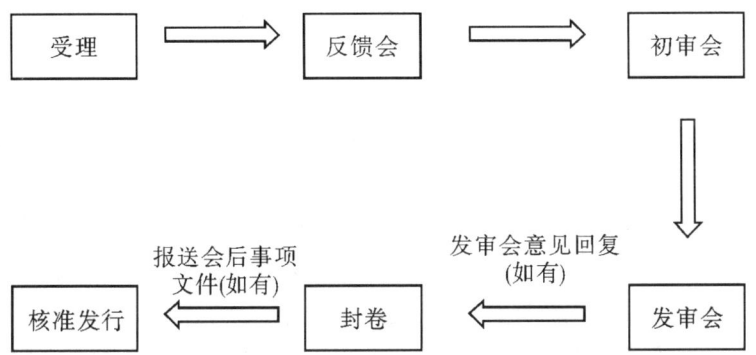

图 4-2　申请首次公开发行股票的主要流程
资料来源：中国证券业协会官网。

（1）受理和预先披露

中国证监会受理部门根据《中国证券监督管理委员会行政许可实施程序规定》《首次公开发行股票并上市管理办法》等规则的要求，依法受理首发申请文件，并按程序转发行监管部。发行监管部在正式受理后即按程序安排预先披露，并将申请文件分发至相关监管处室，相关监管处室根据发行人的行业、公务回避的有关要求以及审核人员的工作量等确定审核人员。

（2）反馈会

相关监管处室审核人员审阅发行人申请文件后，从非财务和财务两个角度撰写审核报告，提交反馈会讨论。反馈会主要讨论初步审核中关注的主要问题，确定需要发行人补充披露以及中介机构进一步核查说明的问题。

反馈会按照申请文件受理顺序安排，参会人员有相关监管处室审核人员和处室负责人等。反馈会后将形成书面意见，履行内部程序后反馈给保荐机构。反馈意见发出前不安排发行人及其中介机构与审核人员沟通。

保荐机构收到反馈意见后，组织发行人及相关中介机构按照要求进行回复。综合处收到反馈意见回复材料进行登记后转相关监管处室。审核人员按要求对申请文件以及回复材料进行审核。

发行人及其中介机构收到反馈意见后，在准备回复材料过程中如有疑问可与审核人员进行沟通，如有必要也可与处室负责人、部门负责人进行沟通。

审核过程中如发生或发现应予披露的事项，发行人及其中介机构应及时报告发行监管部并补充、修改相关材料。初审工作结束后，将形成初审报告（初稿）提交初审会讨论。

（3）预先披露更新

反馈意见已按要求回复、财务资料未过有效期、且需征求意见的相关政府部门无异议的，将安排预先披露更新。对于具备条件的项目，发行监管部将通知保荐机构报送发审会材料和用于更新的预先披露材料，并在收到相关材料后安排预先披露更新，以及按受理顺序安排初审会。

（4）初审会

初审会由审核人员汇报发行人的基本情况、初步审核中发现的主要问题及反馈意见回复情况。初审会由综合处组织，发行监管部相关负责人、相关监管处室负责人、审核人员以及发审委委员（按小组）参加。

根据初审会讨论情况，审核人员修改、完善初审报告。初审报告是发行监管部初审工作的总结，履行内部程序后与申请材料一并提交发审会。

初审会讨论决定提交发审会审核的，发行监管部在初审会结束后出具初审报告，并书面告知保荐机构需要进一步说明的事项以及做好上发审会的准备工作。初审会讨论后认为发行人尚有需要进一步披露和说明的重大问题、暂不提交发审会审核的，将再次发出书面反馈意见。

（5）发审会

发审委制度是发行审核中的专家决策机制，发审委通过召开发审会进行审核工作，发审会以投票方式对首发申请进行表决。根据《中国证券监督管理委员会发行审核委员会办法》规定，发审委会议审核首发申请适用普通程序。发审委委员投票表决采用记名投票方式，会前需撰写工作底稿，会议全程录音。

发审会召开5天前中国证监会发布会议公告，公布发审会审核的发行人名单、会议时间、参会发审委委员名单等。首发发审会由审核人员向委员报告审核情况，并就有关问题提供说明，委员发表审核意见，发行人代表和保荐代表人各2名到会陈述和接受询问，聆询时间不超过45

分钟，聆询结束后由委员投票表决。发审会认为发行人有需要进一步披露和说明问题的，应在形成书面审核意见后告知保荐机构。

保荐机构在收到审查委审核意见后，组织发行人及相关中介机构按照要求回复。综合处收到审核意见回复材料后转相关监管处室。审核人员按要求对回复材料进行审核并履行内部程序。

（6）封卷

发行人的首发申请通过发审委审核后，需要进行封卷工作，即将申请文件原件重新归类后存档备查。封卷工作在按要求回复发审委意见后进行。如没有需要回复的发审委意见，则在通过发审会审核后即进行封卷。

（7）会后事项

发生会后事项的需履行会后事项程序，发行人及其中介机构应按规定向综合处提交会后事项材料。综合处接收相关材料后转相关监管处室。审核人员按要求及时提出处理意见。需重新提交发审会审核的，按照会后事项相关规定履行内部工作程序。如申请文件没有封卷，则会后事项与封卷可同时进行。

（8）核准发行

核准发行前，发行人及保荐机构应及时报送发行承销方案。

封卷并履行内部程序后，将进行核准批文的下发工作。发行人领取核准发行批文后，无重大会后事项或已履行完会后事项程序的，可按相关规定启动招股说明书刊登工作。

审核程序结束后，发行监管部根据审核情况起草持续监管意见书，书面告知日常监管部门。

在证监会审查通过后，在交易所发行上市还需要遵循具体上市的交易所的工作流程。以上海证券交易所为例，上交所主板首次公开发行股票发行与上市业务总体流程主要分为三个阶段：发行上市前准备工作（包括发行上市相关业务准备及证券代码申请等工作）；新股网上网下发行申请及发行（包括确定发行方式、初步询价、线上线下申购等工作）；新股上市申请及上市包括（上市仪式、报送全部发行及上市文件等工作）。具体工作细则在《上海证券交易所主板首次公开发行股票发行与上市业务指南》中有着明确规定。在上交所发行与上市的时间流程见图4-3。

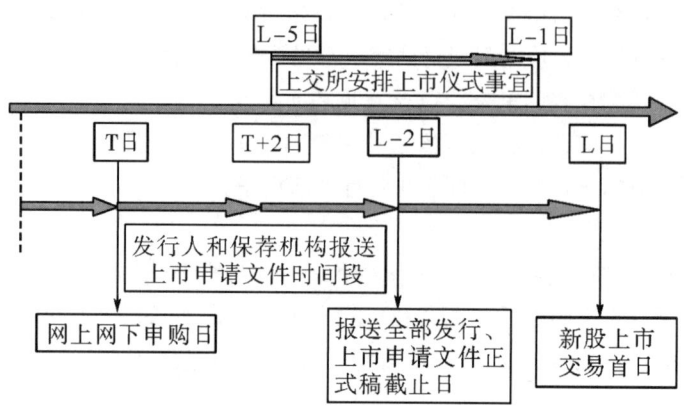

图 4-3　在上交所发行与上市的时间流程

除首次公开发行上市 A 股以外，租赁公司还可以通过"借壳上市"的方式登陆 A 股。但借壳上市过程并不能为租赁公司筹集资金，且借壳过程中需要对壳公司进行股权收购，目前金融租赁公司、融资租赁公司在股权投资方面都存在监管约束，借壳上市的可行性并不明朗。

3. A 股上市情况

截至 2021 年年末，A 股上市的金融租赁公司、融资租赁公司有两家，分别是渤海租赁（渤海租赁股份有限公司）和江苏租赁（江苏金融租赁股份有限公司）。

渤海租赁(000415.SZ)

天津渤海租赁有限公司是经国家商务部批准的第五批内资融资租赁试点企业，公司成立于 2007 年，注册地位于天津。2011 年通过 *ST 汇通（000415.SZ）完成借壳上市。

渤海租赁借壳 *ST 汇通分两步走。首先是资产置换，即 *ST 汇通以全部资产和负债与海航实业持有的天津渤海租赁等值股权进行置换，公司现有员工按照"人随资产走"的原则由海航实业或其指定第三方承接；其次是非公开发行股份购买资产，即公司向渤海租赁全体股东发行股份购买其持有的渤海租赁剩余股权。拟发行价格定为 9 元/股，发行数量不超过 7 亿股。重组完成后，*ST 汇通持有渤海租赁 100% 股权。渤海租赁借此实现了借壳整体上市。

上市后,渤海租赁于2014年、2016年完成三次非公开定向增发,募集资金总额分别为15亿元、20亿元、160亿元,合计完成股权融资195亿元。

江苏租赁(600910.SH)

江苏金融租赁股份有限公司成立于1985年6月,注册地位于江苏,是经中国银行保险监督管理委员会批准从事融资租赁业务的国有控股非银行金融机构。

2014年11月,江苏金融租赁有限公司获江苏银监局批准更名为江苏金融租赁股份有限公司。

2016年5月江苏租赁首次报送招股说明书,并于2018年1月16日获证监会批准首次公开发行股票。获准后,江苏租赁于2018年1月30日发布招股公告,最终发行价格为6.25元,发行数量为63 999.970 0股,合计募集资金总额40亿元,并于2018年3月在上海证券交易所挂牌上市。

上市后,江苏租赁于2021年初开始筹划发行可转债工作,于2021年6月收到《中国银保监会江苏监管局关于江苏金融租赁股份有限公司公开发行A股可转换公司债券相关事宜的批复》,并于2021年9月24日收到中国证券监督管理委员会出具的《关于核准江苏金融租赁股份有限公司公开发行可转换公司债券的批复》(证监许可〔2021〕3087号),核准江苏租赁向社会公开发行面值总额50亿元可转换公司债券,期限为6年。2021年11月,江苏租赁成功发行该笔可转债,募集资金用于补充公司的核心一级资本。

(二)港股上市

1. 政策目录

企业在港股上市需要满足规定的条件,同时遵循一定的上市规则,涉及的文件情况见表4-2。

表 4-2　港股上市相关的政策文件情况

施行时间	文件名称	发布机构
1994-8-4	《国务院关于股份有限公司境外募集股份及上市的特别规定》（国务院令第 160 号）	国务院
2013-1-1	《关于股份有限公司境外发行股票和上市申报文件及审核程序的监管指引》（中国证券监督管理委员会公告〔2012〕45 号）	证监会
2020-3-1	《中华人民共和国证券法（2019 年修订）》（主席令第 37 号）	全国人大常务委员会
2020-3-23	《中国银保监会非银行金融机构行政许可事项实施办法》（中国银行保险监督管理委员会令 2020 年第 6 号）	银保监会
2022-1-1	《香港联合交易所有限公司证券上市规则》	香港联合交易所

2. IPO 流程及操作

与 A 股上市一样，金融租赁公司若计划于港股上市，首先需要经过主管部门批准。

在港股首次公开发行股票的监管机构主要有香港证券及期货事务监察委员会、香港联合交易所以及中国证券监督管理委员会。

根据香港联交所规定，于港股上市需要满足一些基本条件包括必须是公众公司，主要业务必须是公众有兴趣的，以及在上市前必须公布的资料须经交易所上市部批准等。

在香港主板上市的企业需要满足相应财务要求以及股东、管理层等方面的其他要求，并委任保荐人、承销商、律师、会计师、等专业机构的参与上市工作。创业板 GEM 的上市门槛略低于主板。在主板和 GEM 上市的相关财务要求见表 4-3。

表 4-3　港股上市相关财务要求

主板	GEM
财务要求：具备不少于 3 个会计年度的营业记录，并且符合下列其中一项测试：	财务要求

表4-3(续)

主板			GEM
盈利测试	市值/收入测试	市值/收入/现金流测试：	
·上市时市值≥5亿港元 ·最近一年的股东应占盈利≥3 500万港元 ·前两年累计的股东应占盈利≥4 500万港元	·上市时市值≥20亿港元 ·经审计的最近一个会计年度的收益≥5亿港元	·上市时市值≥20亿港元 ·经审计的最近一个会计年度的收益≥5亿港元 ·前三个会计年度的现金流入≥1亿港元	·经营业务有现金流入 ·前两年营业现金流合计≥3 000万港元 ·上市时市值≥1.5亿港元
·最低公众持股量一般为25%（如上市时市值>100亿港元可减至15%） ·至少300名股东 ·管理层最近三年不变 ·拥有权和控制权最近一年不变 ·至少三名独立董事，并必须占董事会成员至少三分之一 ·要求每半年提交财务报告			·最低公众持股量一般为25%（如上市时小值≥100亿港元可减至15%） ·至少100名股东 ·管理层最近两年不变 ·拥有权和控制权最近一年不变

资料来源：港交所，《主板上市规则》《GEM上市规则》。

对于主要业务和背景在中国内地的公司，香港联交所接受灵活多样的上市架构选择。租赁公司于港股上市可以选择三种架构：发行H股上市、发行红筹股上市、借壳上市。需要特别说明的是，借壳上市过程并不能为租赁公司筹集资金，需在上市完成后通过增发等方式筹资。

（1）红筹架构

上市主体是境外控股公司，以租赁公司境内股权或资产注入境外控股公司间接实现境外上市。红筹架构下又包含两种模式：①大红筹——中国内地的企业、资产或业务的实际控制人通常是某个政府机构，又称国企红筹；②小红筹——中国内地的企业、资产或业务的实际控制人通常是某个个人，又称民企红筹。

拟赴港上市的申请人公司的注册地首先需要属于香港联交所"获接纳司法权区范围"之内。根据上市规则，中国香港和内地、开曼群岛及百慕大四个司法权区注册成立的公司均符合提出上市申请的资格要求。

因为上市主体需要是中国境外的境外控股公司，租赁公司需要在以上司法权区注册公司并将资产注入。具体资产注入构架的模式主要有股权模式以及近年来较多采用的可变利益实体（VIE）模式，两者构架图如图4-4、图4-5所示。

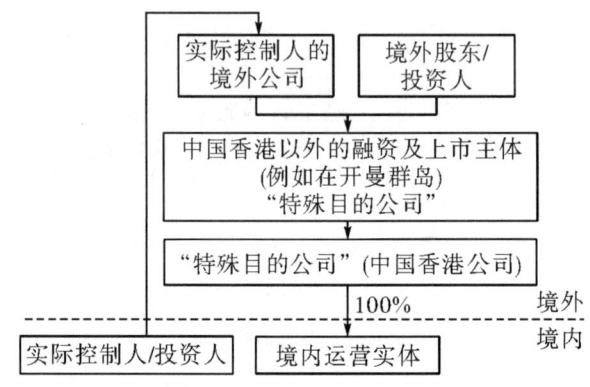

图4-4　小红筹（股权控制）架构模式

注：图4-4仅为示意性表述，实践操作中可能有所不同。

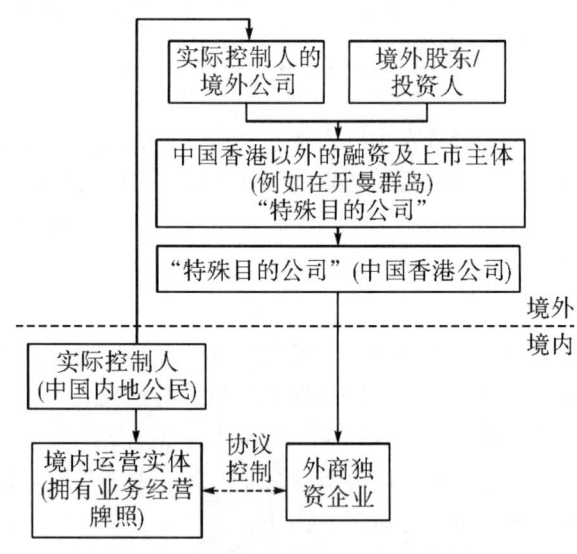

图4-5　可变利益实体VIE架构模式

注：图4-5仅为示意性表述，实践操作中可能有所不同。

（2）H股架构

H股架构是指中国境内（不包括港澳台地区）的中国股份公司，直接向香港联合交易所申请发行境外上市外资股（H股）股票并在香港联交所上市交易的境外上市模式。《证券法》及相关法律法规中，对H股的发行做出了相关规定。目前，以H股架构申请赴港上市的公司需要向中国证券监督管理委员会及香港联交所同时履行境内、境外双重审批程序。具体审批流程如图4-6所示。

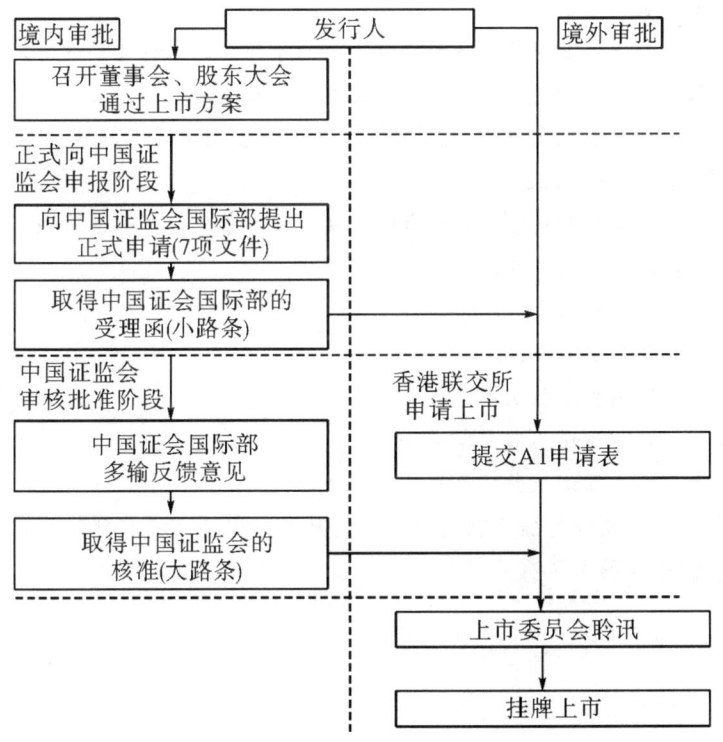

图4-6　H股上市基本审批流程

注：图4-6仅为示意性表述，实践操作中可能有所不同。

根据《关于股份有限公司境外发行股票和上市申报文件及审核程序的监管指引》，于证监会审批环节，租赁公司申请境外首次公开发行股份需要提供以下材料：

（一）申请报告，内容包括：公司演变及业务概况、股本结构、公司治理结构、财务状况与经营业绩、经营风险分析、发展战略、筹资用途、符合境外上市地上市条件的说明、发行上市方案；

（二）股东大会及董事会相关决议；

（三）公司章程；

（四）公司营业执照、特殊许可行业的业务许可证明（如适用）；

（五）行业监管部门出具的监管意见书（如适用）；

（六）国有资产管理部门关于国有股权设置以及国有股减（转）持的相关批复文件（如适用）；

（七）募集资金投资项目的审批、核准或备案文件（如适用）；

（八）纳税证明文件；

（九）环保证明文件；

（十）法律意见书；

（十一）财务报表及审计报告；

（十二）招股说明书（草稿）；

（十三）中国证监会规定的其他文件。

租赁公司发行H股于联交所首次公开发行事项在证监会的具体申请及审查流程如图4-7所示。

四、股票市场筹资

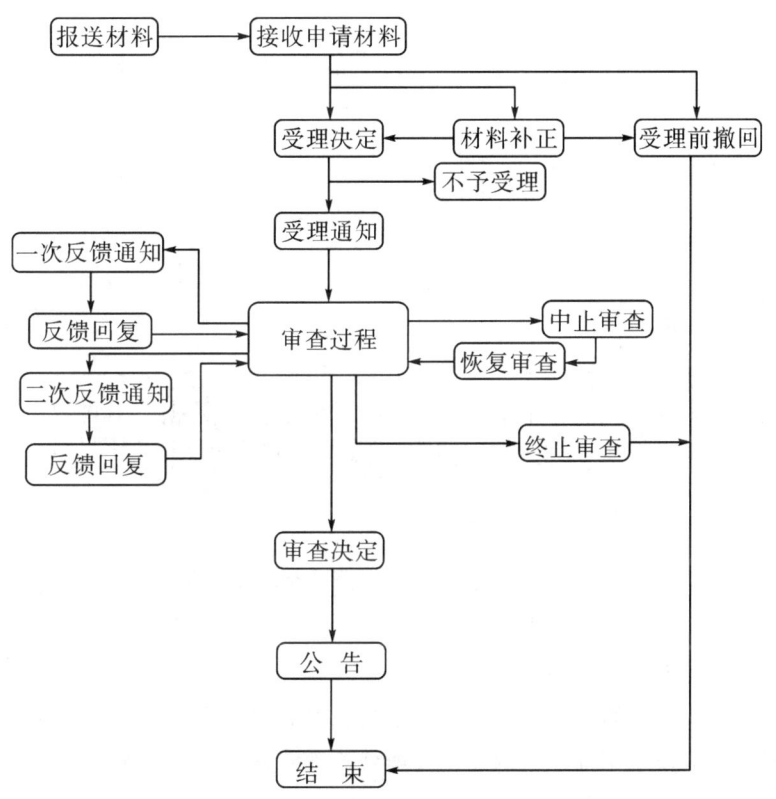

图 4-7　证监会审查流程

收到证监会行政许可核准文件后，可向境外证券监管机构或交易所提交发行上市正式申请。

选择上市架构以外，租赁公司赴港上市从前期的筹划，中期的上市申请（提交 A1 申请表）审核，再到后期的上市聆讯，最后成功发行并挂牌上市交易，大致需要经历如图 4-8 所示的各个步骤。

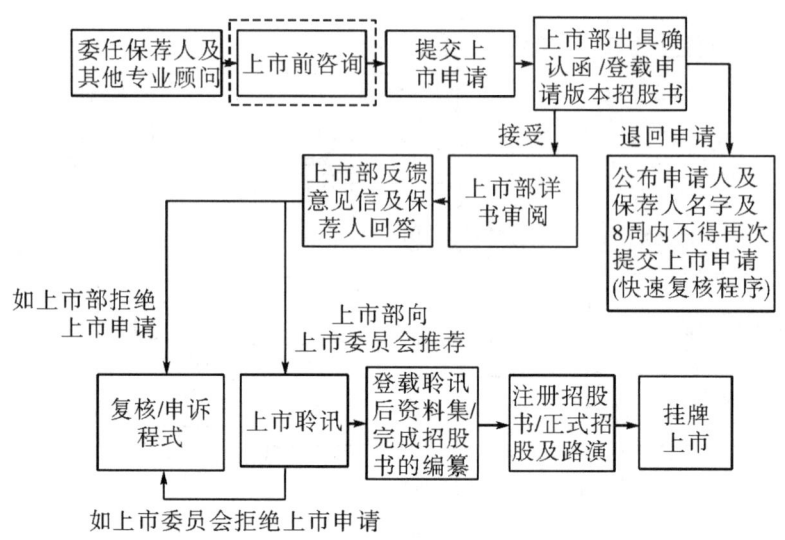

图 4-8 香港证交所的上市审核流程概览

注：图 4-8 仅为示意性表述，实践操作中可能有所不同。

（1）委任保荐人及其他专业顾问

委任有经验的专业顾问团队是新股成功上市的关键。专业顾问一般包括保荐人及承销商、境内律师及境外律师团队、会计师等。上市申请人须于提交上市申请前至少两个月委任保荐人，并于委任后五个营业日内书面通知香港联交所。公司应咨询专业顾问团队的意见，以商讨公司是否适合上市、上市发行结构、上市所需的时间及费用、上市工作团队分工及在上市后将面对的问题、挑战与持续责任。

（2）上市前咨询

保荐人对公司进行尽职审查，并协助拟备招股章程（此阶段的招股章程拟稿亦称申请版本）。招股章程须载有一切重要资料，能让投资者做出有根据的投资决定。在准备招股章程的过程中，保荐人应帮助公司制定或优化中长期发展战略，并完成业务和财务预测以便承销商建立估值模型、确定募集资金用途、梳理投资故事亮点。

（3）向上市部提交上市申请

向上市部提交上市申请（A1，包括申请版本）。如 A1 上市申请的资料大致完备，上市部会确认收悉，并在网站登载中英文申请版本。同时，香港联交所鼓励拟申请人在正式提交申请材料之前，就非常见事项寻求非正式及保密的指引，即通常所指的上市前咨询程序（Pre-A1 Submission）。此举可有助于发行人结合自身实际情况，及早得知上市发行的建议是否符合要求，以进一步明确赴港上市的重点考虑事项。

（4）上市部审阅申请

上市部其后会对 A1 上市申请进行详细审核，评估公司是否符合上市资格、是否适宜上市、业务是否可持续、公司是否遵守规章条文以及做出充分披露。首轮意见会于接获申请后尽快发出，一般仅需耗时 15 个营业日左右。后续所需审核时间主要取决于公司回复的时间及质量。

（5）上市委员会聆讯

上市委员会审阅新上市申请，确定申请人是否适合进行首次公开招股。根据《香港联合交易所有限公司证券上市规则》规定，上市委员会的成员由 28 人组成，包括最少 8 名代表投资者权益的人士，19 名以适当的比例提名的、能够适当代表上市发行人与市场的从业人士，包括律师、会计师、企业融资顾问等高级人员，以及香港交易所集团行政总裁。上市委员会的职能主要包括：上市审核职能；上市审查并监督上市部工作；批准新股上市申请以及规则豁免申请；通过、更改或修改上市部以及上市委员会的决定；提供政策咨询，批示重要政策及《香港联合交易所有限公司证券上市规则》修订。

（6）正式招股及路演

在此阶段，香港联交所要求公司满足最低公众持股及股东人数标准，但不会干预定价过程及最终定价，体现市场定价精神。

承销商或承销团一般负责协助公司进行上市筹备推广活动，包括投资者教育、潜在基石投资者沟通、分析师路演、管理层新股路演等。香港 IPO 公开发行股份的分配包括国际配售和公开认购两个部分，并根据回拨机制及股份重新分配机制予以适当调整，通常分别占最终总新股发行数量的 90% 和 10% 左右。许多公司在香港 IPO 上市的同时会选择引入基石投资者。基石投资者一般是指上市申请人在首次公开招股时，将部分股份优先配售予若干投资者。

（7）挂牌上市及上市后交易

成功定价及分配股份予机构投资者和散户后，公司股份便会在香港联交所上市及进行买卖。在公司上市之后，股票价格会因为各种各样的原因产生波动。承销团通常会指定的某一个或多个承销商作为稳定市场经纪人（Stabilisation Agent）负责在公司股价低于 IPO 的价格时买入公司股票来维护上市之后一段既定时间内股价表现的稳定。香港 IPO 可以由拟上市公司授予承销商超额配售选择权，通常为原 IPO 总发行股数的 15%，需在香港公开发行结束后 30 天内行使完毕；这一机制又被称为绿鞋机制（Green Shoe）。稳定市场经纪人可以根据上市后股价的涨跌表现，判断二级市场投资者对公司股票的需求情况，并自主决定是否行使超额配售选择权，以平滑市场波动，实现上市公司、投资者、承销商的多方共赢。

3. 港股上市情况

据不完全统计，截至 2021 年年末，港股上市的融资租赁公司已达 17 家，具体情况见表 4-4。

表 4-4 港股上市融资租赁公司情况

序号	股票代码	股票简称	上市日期
1	00379.HK	恒嘉融资租赁	2002 年 11 月
2	03360.HK	远东宏信	2011 年 3 月
3	01848.HK	中国飞机租赁	2014 年 7 月
4	02666.HK	环球医疗	2015 年 7 月
5	03963.HK	融众金融	2016 年 1 月
6	02588.HK	中银航空租赁	2016 年 6 月
7	01606.HK	国银租赁	2016 年 7 月
8	08452.HK	富银融资股份	2017 年 5 月
9	03848.HK	富道集团	2017 年 7 月
10	02858.HK	易鑫集团	2017 年 11 月
11	08223.HK	紫元元	2018 年 7 月
12	08525.HK	百应租赁	2018 年 7 月

表4-4(续)

序号	股票代码	股票简称	上市日期
13	08621.HK	METROPOLISCAP	2018年12月
14	01563.HK	友联租赁	2019年3月
15	01905.HK	海通恒信	2019年6月
16	03877.HK	中国船舶租赁	2019年6月
17	01601.HK	中关村科技租赁	2020年1月

主要的港股租赁公司有国银租赁、远东宏信：

（1）国银租赁

国银租赁，即国银金融租赁股份有限公司，是经原中国银监会批准设立、国家开发银行控股的非银行金融机构，成立于1984年，注册地位于深圳。

2015年9月25日，国银租赁获深圳银监局批复更名为国银金融租赁股份有限公司。

2016年7月，国银租赁以首次公开发售形式发行31.42亿股每股面值2港元的普通股，募集资金总额为港币62.85亿元。并于7月11日在香港联合交易所有限公司主板正式挂牌上市交易。

上市后，国银租赁多次在港交所发行公司债、中期票据等债券。

2020年8月，国银租赁获深圳银保监局批复同意在境外发行二级资本债券。2021年9月，国银租赁在港交所成功发行7亿美元二级资本债券，期限10年。

（2）远东宏信

远东宏信，即远东宏信有限公司，成立于2011年，注册地位于香港。其境内运营主体为远东国际融资租赁有限公司，成立于1991年，由原对外经济贸易部（现为商务部）批准，由中国人民建设银行（后更名为中国建设银行）、中国化工进出口总公司（后更名为中国中化集团公司）、日本债券信用银行、皇冠租赁株式会社等投资设立。2009年，经商务部批准，原投资方将全部股权转让给远东宏信，股权转让后，远东租赁全部由远东宏信出资。

2011年3月，远东宏信在香港联合交易所有限公司主板红筹股上市，发行股票 8.16 亿股，每股发行价 6.29 港币，共募集资金 51.33 亿港币。

上市后，远东宏信于 2012 年、2015 年完成两次配股，分别募集资金 28.8 港元、45.4 港元。并在港交所多次发行公司债、中期票据等。

（三）新三板、北交所上市

1. 政策目录

企业在新三板或北交所上市需要满足规定的条件，同时遵循一定的上市规则，涉及的文件情况见表 4-5。

表 4-5 新三板、北交所上市相关的政策文件情况

施行时间	文件名称	发布机构
2013-12-13	《关于全国中小企业股份转让系统有关问题的决定》（国发〔2013〕49 号）	国务院
2016-5-27	《关于金融类企业挂牌融资有关事项的通知》（股转系统公告〔2016〕36 号）	股转系统
2020-6-3	《关于全国中小企业股份转让系统挂牌公司转板上市的指导意见》（中国证券监督管理委员会公告〔2020〕29 号）	证监会
2021-11-15	《北京证券交易所上市公司证券发行注册管理办法（试行）》（证监会令【第 188 号】）	证监会
2021-11-15	《北京证券交易所向不特定合格投资者公开发行股票注册管理办法（试行）》（证监会令【第 187 号】）	证监会
2022-2-18	关于发布《全国中小企业股份转让系统挂牌公司持续监管指引第 1 号——筹备发行上市》的公告（股转系统〔2022〕39 号）	股转系统
2022-3-4	《全国中小企业股份转让系统分层管理办法》（股转系统公告〔2022〕53 号）	股转系统

全国中小企业股份转让系统（俗称"新三板"）是经国务院批准，依据证券法设立的继上交所、深交所之后第三家全国性证券交易场所。2013 年国务院发布的《关于全国中小企业股份转让系统有关问题的决定》明确，新三板主要为创新型、创业型、成长型中小微企业发展服务。

境内符合条件的股份公司均可通过主办券商申请挂牌,公开转让股份,进行股权融资、债权融资、资产重组等。

新三板成立后,市场交易不活跃,定向增发价格低且周期长。多数企业未通过新三板挂牌完成股权融资计划。

2016年,全国中小企业股份转让系统公告了《关于金融类企业挂牌融资有关事项的通知显示》(股转系统公告〔2016〕36号)。根据其规定,金融租赁公司作为持牌金融机构,按现行挂牌条件审核其挂牌申请。融资租赁公司等具有金融属性的企业大多处于新兴阶段,所属细分行业发展尚不成熟,监管政策尚待进一步明确与统一,面临的监管形势错综复杂,行业风险突出。在相关监管政策明确前,暂不受理其他具有金融属性企业的挂牌申请。对申请挂牌公司虽不属于其他具有金融属性企业,但其持有其他具有金融属性企业的股权比例20%以上(含20%)或为第一大股东的,也暂不受理,对已受理的,予以终止审查。

此后,融资租赁公司于新三板挂牌的审批通道已经关闭。

2021年11月,新三板迎来重大变革,北京证券交易所正式开市。北交所将总体平移新三板精选层各项基础制度,北交所上市公司由创新层公司产生。同时维持新三板基础层、创新层与北京证券交易所"层层递进"的市场结构,同步试点证券发行注册制。

2. 挂牌/转板上市流程及操作

根据2019年修订发布的《全国中小企业股份转让系统分层管理办法》,新三板目前实行分层管理,即基础层、创新层和精选层。基础层的门槛最低,由基础层进入创新层,则需要满足财务条件、融资条件、股权分散度条件、规范性条件等核心要求。

由创新层进入精选层需满足更严格的条件。首先需在新三板连续挂牌满十二个月,同时符合公开发行条件和精选层进入条件。发行条件包括财务条件、财务合规性、公司治理条件、合规经营要求等,进入条件主要包括市值条件、财务条件、规范性条件,以及发行完成后的股权分散度要求等方面。

2020年6月发布的《中国证监会关于全国中小企业股份转让系统挂牌公司转板上市的指导意见》提出,试点期间,符合条件的新三板挂牌公司可以申请转板至上交所科创板或深交所创业板上市。申请转板上市的企业应当为新三板精选层挂牌公司，且在精选层连续挂牌一年以上。挂牌公司转板上市的，应当符合转入板块的上市条件。转板上市条件应当与首次公开发行并上市的条件保持基本一致。

《北京证券交易所向不特定合格投资者公开发行股票注册管理办法（试行）》则规定，公开发行股票并在北交所上市，应当符合发行条件、上市条件以及相关信息披露要求，依法经北交所发行上市审核，并报中国证监会注册。需要满足的基本条件是：发行人应当为在全国股转系统连续挂牌满十二个月的创新层挂牌公司。

注册程序为：内部做出决议→提请股东大会批准→股东大会做出决议→制作申请文件→保荐人保荐并向北交所申报→在五个工作日内做出是否受理的决定→北交所审核部门审核发行申请→上市委员会提出审议意见→自受理注册申请文件之日起两个月内形成审核意见→将审核意见、发行人注册申请文件及相关审核资料报送中国证监会注册→中国证监会在二十个工作日内对发行人的注册申请做出同意注册或不予注册的决定→发行股票。

对于已在新三板挂牌的企业来说，可通过"基础层—创新层—北交所"的跨越实现公开上市，但对于具有类金融属性的融资租赁公司来说，上市前景仍旧不明。

3. 新三板挂牌情况

目前新三板只有5家融资租赁公司挂牌，中国康富、福能租赁、东海租赁、康安租赁、子西租赁等均属于基础层。此前唯一在新三板挂牌的金融租赁公司已于2021年完成摘牌。详细情况见表4-6。

表4-6 新三板挂版租赁公司情况

上市公司	所属层级	上市时间
中国康富	基础层	2015年9月
福能租赁	基础层	2015年7月
东海租赁	基础层	2015年12月

表4-6(续)

上市公司	所属层级	上市时间
康安租赁	基础层	2016年1月
子西租赁	基础层	2016年9月
皖江金租	已摘牌	2015年11月

这里介绍部分新三板挂牌租赁公司:

(1) 中国康富 (833499.NQ)

中国康富,即中国康富国际租赁有限公司,成立于1988年,注册地位于北京。2014年,公司依托国家核电技术有限公司(现已与中国电力投资集团公司合并重组为国家电力投资集团公司)和三一集团有限公司两个实力强大的股东方,完成重组工作。2015年4月,公司改制为股份有限公司。

2015年9月,经全国中小企业股份转让系统有限责任公司股转系统函〔2015〕5533号文件核准,中国康富在全国股份转让系统挂牌公开转让,证券代码为833499。

挂牌后,中国康富于2015年9月完成一次定向增发,发行价格1.25元,发行数量15亿股,募集资金总额18.75亿元。

(2) 福能租赁 (832743.NQ)

福建福能融资租赁股份有限公司,原福能(平潭)融资租赁股份有限公司,成立于2012年,注册地位于福建省,是由福建省能源集团控股的中外合资股份制公司。

2015年6月26日,福能租赁收到全国中小企业股份转让系统《关于同意福能(平潭)融资租赁股份有限公司股票在全国中小企业股份转让系统挂牌的函》(股转系统〔2015〕2925号)和《关于同意挂牌时采取协议转让方式的函》(股转系统函〔2015〕3095号)。7月3日,福能租赁在新三板正式挂牌,代码为832743,股票转让采取协议转让方式。

完成挂牌后,福能租赁于2015年12月完成定向增发1 000万股,发行价格3.1元/股,募集资金3 100万元,并于2015年12月25日完成验资,将申请材料上报至股转公司,同时于2016年1月完成工商变更登记。但最终由于政策原因,福能租赁一直未获得股转公司的股份登记函,所募集资金暂存于银行专管账户未使用,并于2019年减去1 000万股。

五、其他筹资工具

除了以上主要筹资手段以外，租赁公司还可以通过同业资产交易、商业保理、信托贷款、债权融资计划、股东借款、资产证券化次级转让等方式获取资金。本篇主要介绍较为常见的银登中心、跨境融资两种。

（一）银行业信贷资产登记流转中心转让

1. 政策目录

在银行业信贷资产登记流转中心开展转让业务需遵循相关规则，涉及的文件情况见表 5-1。

表 5-1　银行业信贷资产登记流转中心转让相关的政策文件情况

施行时间	文件名称	发布机构
2010-12-3	《关于进一步规范银行业金融机构信贷资产转让业务的通知》（银监发〔2010〕102 号）	原银监会
2015-6-25	《关于银行业信贷资产流转集中登记的通知》（银监办发〔2015〕108 号）	原银监会
2016-4-28	《关于规范银行业金融机构信贷资产收益权转让业务的通知》（银监办发〔2016〕82 号）	原银监会
2016-6-20	关于发布《信贷资产收益权转让业务规则（试行）》《信贷资产收益权转让业务信息披露细则（试行）》的通知（银登字〔2016〕16 号）	银登中心

表5-1(续)

施行时间	文件名称	发布机构
2019-1-16	《银行业信贷资产登记流转中心信贷资产登记流转业务规则》（银登字〔2019〕3号）	银登中心
2020-8-3	《标准化债权类资产认定规则》（人民银行 银保监会 证监会 外汇局〔2020〕第5号）	人民银行 银保监会 证监会 外汇局
2021-5-17	《信贷资产登记流转业务信息披露指引（2021年修订）》（银登字〔2021〕12号）	银登中心
2021-5-17	《信贷资产存续期管理业务规则》（银登字〔2021〕19号）	银登中心
2021-5-17	《信贷资产登记流转业务结算规则》（银登字〔2021〕21号）	银登中心
2021-9-8	《银行业信贷资产登记流转中心银行业信贷资产流转集中登记规则》（银登字〔2021〕31号）	银登中心

2. 业务模式

信贷资产登记流转业务是指出让方以其所持有的信贷资产及其对应的受（收）益权等非证券债权性资产作为流转标的，在登记系统登记、通过流转平台或有权监管机构允许的其他形式进行转让的业务。信贷资产登记流转业务结构如图5-1所示。

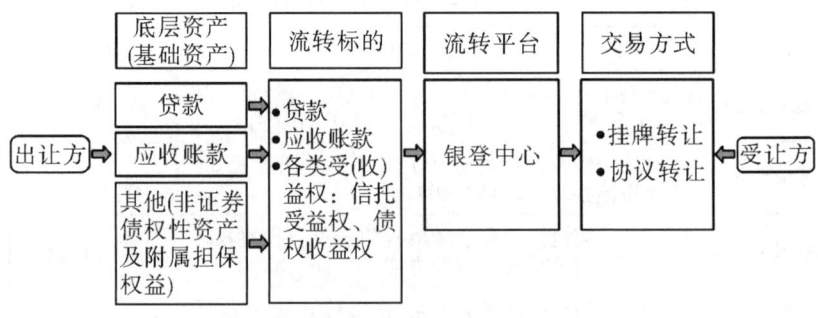

图5-1 信贷资产登记流转业务结构

流转标的系指贷款（金融机构的自营贷款、信托贷款、银团贷款等）、应收账款等信贷资产的债权，或以其作为底层资产相对应的信托受益权、债权收益权等非证券类债权资产。底层资产系指在以各类受（收）益权等资产作为流转标的的情形中，为流转标的偿付提供现金流支持的基础资产，包括但不限于贷款（金融机构的自营贷款、信托贷款、银团贷款等）、应收账款等非证券类债权资产及其附属担保权益，以及监管机构认可的其他信贷资产。租赁资产的债权亦在规定范围之内。

信贷资产登记流转业务可采用债权直接转让、债权收益权转让、信托受益权转让等形式进行。三种主要模式的具体情况见表5-2。

表5-2 信贷资产登记流转业务模式

业务模式	债权直接转让	资产收益权转让	信托受益权转让
出让方	银行（民营银行为主）	银行（股份制商业银行、城商行为主）	银行、非银金融机构（消费金融公司、金融租赁公司、汽车金融公司等）
受让方	合格机构投资者	合格机构投资者	合格机构投资者
底层资产	正常资产	不良资产	正常资产
基础资产类别	贷款、应收账款等	个人信用卡贷款为主	以信贷资产等底层资产设立财产权信托
是否分层	否	是	是

债权直接转让，系指出让方直接将其持有的信贷资产及其附属担保权益作为流转标的转让给受让方。

债权收益权转让，系指出让方以底层资产所产生的全部收益的权利作为流转标的，依据相关法律法规将其转让给受让方。该债权收益权应等分化、可交易。

信托受益权转让，系指出让方将符合相关要求的合格底层资产委托给信托公司成立自益财产权信托，并作为受益人依据相关法律法规将其持有的信托受益权转让给受让方。该信托受益权应等分化、可交易。

在实际业务中，信托受益权转让是最主流的流转模式，由金融租赁公司作为出让方的租赁资产转让也多是通过此种模式。信托受益权转让模式如图 5-2 所示。

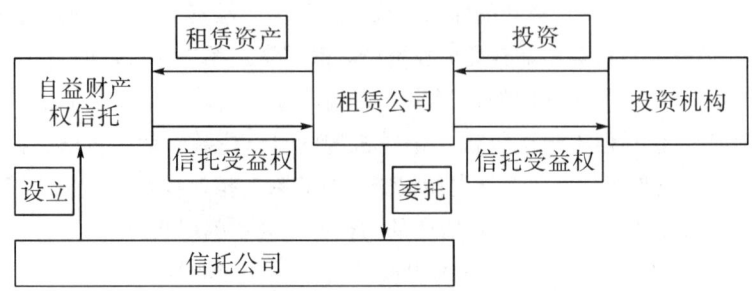

图 5-2　信托受益权转让模式

按照银保监会的要求，银登中心具体负责信贷资产登记流转业务集中登记、交易结算、信息披露、系统运营、统计监测等工作。

对于金融租赁公司而言，通过银登中心实现存量资产盘活，审批时效更短，流程更便捷，大大缩短了转让周期，能实现资金的快速回笼。

但是，2020 年 6 月 24 日，人民银行会同银保监会、证监会、外汇局发布了《标准化债权类资产认定规则》，明确了银登中心的信贷资产流转和收益权转让相关产品是非标准化债权类资产。

3. 操作

《银行业信贷资产登记流转中心银行业信贷资产流转集中登记规则》明确，信贷资产流转的参与主体，须在银登中心开立资产账户办理信贷资产流转集中登记。

信贷资产流转登记指登记机构对流转标的及其对应的底层资产（如有）的登记要素进行格式化记载，对权利人持有的流转标的进行簿记，对交易文件、流转标的及其对应底层资产（如有）的相关证明文件进行电子化存储等登记行为。信贷资产流转登记的内容包括：

（一）流转标的及其对应底层资产（如有）的要素；

（二）流转标的持有人、持有数量及其变更情况；

（三）交易文件、流转标的及其对应底层资产（如有）的相关证明文件；

（四）其他银登中心认为必要的信息。

拟通过银登中心开展信贷资产流转业务的，出让方须在流转前登记信贷资产。银登中心按照监管要求对资产登记信息和材料进行核对，核对通过后配发唯一的资产代码；对于不符合监管要求的资产不予登记。通过核对的资产可通过银登中心业务系统转让。

未通过银登中心开展信贷资产流转业务的，出让方须在成交后十个工作日之内将信贷资产要素信息、交易信息及相关合同文本提交至银登中心，核对通过后，完成流转登记。

《信贷资产登记流转业务信息披露指引（2021年修订）》明确了信息披露的有关规则。

流转标的为信托受益权的，出让方应当至少于定价日前一个工作日向投资者披露产品说明书；流转标的为债权的，出让方应当至少于交易前一个工作日向投资者披露产品说明书。产品说明书包括但不限于以下内容：

（一）出让方情况，包括基本情况、相关业务经验、历史产品兑付情况、联系方式等；

（二）交易结构信息，包括交易结构示意图、交易流程概述、关联关系说明等；

（三）底层资产信息，包括底层资产业务模式介绍、入池筛选标准、统计特征、分布特征、重要借款人情况等；

（四）产品信息，包括产品基本特征、日期信息、费用信息、发行安排、风险自留信息、循环购买安排、现金流归集以及分配机制、投资者适当性要求等；

（五）其他参与机构情况；

（六）中介机构意见；

（七）信息披露安排，包括信息披露具体安排、信息备查方法与途径等；

（八）投资风险提示；

（九）其他对产品底层资产或投资者权益可能有重大影响的事项。

流转标的为信托受益权的，出让方应当至少于定价日前一个工作日向投资者披露发行公告。发行公告包括但不限于发行基本信息、定价及配售环节具体要求、联系信息。出让方应当于流转标的定价日后三个工作日内向全市场披露发行结果公告。

同时，出让方应当于交易过程中，通过银登中心业务系统向投资者披露全部登记信息，包括但不限于流转标的信息以及底层资产信息。

案例

2019年中铁建金租成功设立了"中铁金租2019年第一期创新服务中小微企业租赁资产财产权信托产品"。该产品由中融国际信托有限公司作为受托人，北京银行担任保管行，于2019年7月8日成立，即信托利益计算起始日为2019年7月8日。

7月11日、8月1日中铁建金租在银登中心分别发布公告称，已于当日将"中铁金租2019年第一期创新服务中小微企业租赁财产权信托受益权"通过银行业信贷资产登记流转中心完成登记并部分流转。8月16日，中铁建金租在银登中心发布公告称，已于当日将"中铁金租2019年第一期创新服务中小微企业租赁财产权信托受益权之优先B档"通过银行业信贷资产登记流转中心完成登记并部分流转。

4. 历史情况

根据银登中心公布的数据统计，2019—2021年由金融租赁公司作为原始权益人的存续信贷资产情况见表5-3。

表5-3　2019—2021年金融租赁公司在银登中心的存续信贷资产情况

类别	2019年存续资产笔数/笔	2020年存续资产笔数/笔	2021年存续资产笔数/笔
金融租赁公司	3	13	24

资料来源：2019年、2020年及2021年中债—银登信贷资产价格指数样本。

2021年1—12月，金融租赁公司作为原始权益人的存续资产笔数为24笔，原始权益人包括中铁建金融租赁有限公司、河北省金融租赁有限公司、苏州金融租赁股份有限公司、民生金融租赁股份有限公司。

（二）跨境融资

1. 政策目录

为打造开放型经济新体制，贯彻"控流出，扩流入"的外汇政策，近年来，国家有关部门相继发布各类新政策鼓励企业境外融资，要求境内企业统筹国际、国内两个市场、两种资源，灵活把握境内外市场时机，综合平衡境内外融资成本，更加主动地开展境外融资。

市场中跨境融资的分类方式有很多，从形式上可以分为境外贷款/境外发债，按交易对手不同可以分为双边贷款/银团贷款，按币种不同可以分为外币贷款/人民币贷款，按资金流向不同可以分为境外/跨境，按增信方式不同可以分为内保外贷/内保外债/跨境直贷等。目前，租赁公司跨境融资主要有三种形式，即境外借款、跨境人民币贷款、境外发行债券，涉及的文件情况见表5-4。

表5-4 跨境融资相关的政策文件情况

施行时间	文件名称	发布机构
2003-3-1	《外债管理暂行办法》（国家发展计划委员会、财政部、国家外汇管理局令第28号）	原国家计划委 财政部 外汇局
2005-12-1	《关于完善外债管理有关问题的通知》（汇发〔2005〕74号）	外汇局
2012-5-2	《关于境内非金融机构赴香港特别行政区发行人民币债券有关事项的通知》（发改外资〔2012〕1162号）	国家发展改革委
2012-6-27	《关于支持深圳前海深港现代服务业合作区开发开放有关政策的批复》（国函〔2012〕58号）	国务院
2013-5-13	《外债登记管理办法》（汇发〔2013〕19号）	外汇局
2014-2-20	《关于支持中国（上海）自由贸易试验区扩大人民币跨境使用的通知》（银总部发〔2014〕22号）	人民银行 上海总部

表5-4(续)

施行时间	文件名称	发布机构
2014-3-13	《金融租赁公司管理办法》（中国银监会令2014年第3号）	原银监会
2014-6-3	《前海跨境人民币贷款管理暂行办法》（深人银发〔2012〕173号）	深圳人民银行
2015-9-14	《关于推进企业发行外债备案登记制管理改革的通知》（发改外资〔2015〕2044号）	国家发改委
2016-6-9	《关于改革和规范资本项目结汇管理政策的通知》（汇发〔2016〕16号）	外汇局
2017-1-11	《关于全口径跨境融资宏观审慎管理有关事宜的通知》（银发〔2017〕9号）	人民银行
2019-6-6	《关于对地方国有企业发行外债申请备案登记有关要求的通知》（发改办外资〔2019〕666号）	国家发改委
2020-3-11	《关于调整全口径跨境融资宏观审慎调节参数的通知》（银发〔2020〕64号）	人民银行 外汇局
2020-11-1	《关于线上申请企业外债备案登记有关事项的指引》	国家发改委

2. 外债管理规则

根据2003年发布的《外债管理暂行办法》，国家发展计划委员会（现发改委）、财政部和国家外汇管理局是外债管理部门。

《外债管理暂行办法》规定：

境内中资企业等机构举借中长期国际商业贷款（期限≥365天），须经国家发展计划委员会批准。

国家对境内中资机构举借短期国际商业贷款实行余额管理，余额由国家外汇管理局核定。

外商投资企业举借的中长期外债累计发生额和短期外债余额之和应当控制在审批部门批准的项目总投资和注册资本之间的差额以内。在差额范围内，外商投资企业可自行举借外债。超出差额的，须经原审批部门重新核定项目总投资。

2005年，国家外汇局发布《国家外汇管理局关于完善外债管理有关问题的通知》（汇发〔2005〕74号）。其中，外国投资者出资比例低于25%的外商投资企业，其举借外债按照境内中资企业举借外债的有关规定办理。

2013年4月28日，国家外汇管理局以汇发〔2013〕19号发布《外债登记管理办法》。明确外债登记是指债务人按规定借用外债后，应按照规定方式向所在地外汇局登记或报送外债的签约、提款、偿还和结售汇等信息。根据债务人类型实行不同的外债登记方式。国家外汇管理局及其分支局负责外债的登记、账户、使用、偿还以及结售汇等管理、监督和检查，并对外债进行统计和监测。

《外债登记管理办法》要求：除财政部门、银行以外的其他境内债务人（以下简称"非银行债务人"），应当在外债合同签约后15个工作日内，到所在地外汇局办理外债签约登记手续。办理外债签约登记后，外汇局应发给债务人加盖资本项目业务印章的境内机构外债签约情况表。对于不通过境内银行办理资金收付的，非银行债务人在发生外债提款额、还本付息额和未偿余额变动后，持相关证明材料到所在地外汇局办理备案手续。

同时，还制定了《外债登记管理操作指引》，明确相关材料要求，其中非银行债务人办理外债签约登记所需审核材料包括：

（1）申请书。

（2）外债合同正本及合同主要条款复印件，合同为外文的应另附合同主要条款的中文译本。

（3）外商投资企业应提供批准证书、营业执照和外方股东资本金到位证明材料等文件，中资企业应提供营业执照、外债主管部门批准其对外借款的文件。

（4）针对前述材料应当提供的补充说明。

2015年9月，国家发展改革委发布了《关于推进企业发行外债备案登记制管理改革的通知》。其中提出：取消企业发行外债的额度审批，改革创新外债管理方式，实行备案登记制管理。企业发行外债，须事前向国家发展改革委申请办理备案登记手续，并在每期发行结束后10个工作日内，向国家发展改革委报送发行信息。通过企业发行外债的备案登记和信息报送，在宏观上实现对借用外债规模的监督管理。

由此，我国企业境外发债与借款从严格的审批制改为备案登记制。国家发展改革委对企业发行外债实行规模控制，合理确定总量和结构调控目标，引导资金投向国家鼓励的重点行业、重点领域、重大项目，有效支持实体经济发展。

金融租赁公司因属于非银行金融机构，在进行外债登记备案时还需提前同人民银行进行事前沟通。

根据规定，企业发行外债备案登记要求如下：

（一）企业发行外债应符合以下基本条件：信用记录良好，已发行债券或其他债务未处于违约状态。具有良好的公司治理和外债风险防控机制。资信情况良好，具有较强的偿债能力。

（二）企业发行外债提交的备案登记材料包括：发行外债的申请报告与发行方案，包括外债币种、规模、利率、期限、募集资金用途及资金回流情况等。申请人应对申请材料及信息的真实性、合法性和完整性负责。

（三）对于实施外债规模切块管理改革试点的省市，企业和金融机构向试点省市发展改革委提出备案登记申请。中央管理企业和金融机构，以及试点省市以外的地方企业和金融机构直接向国家发改委提出备案登记申请。

（四）国家发展改革委在收到备案登记申请后5个工作日决定是否予以受理，自受理之日起7个工作日内，在外债总规模限额内出具《企业发行外债备案登记证明》。外债发行人凭备案登记证明按规定办理外债资金流出流入等有关手续。当外债总规模超出限额时，国家发展改革委将向社会公告，同时不再受理备案登记申请。

（五）企业发行外债实际情况与备案登记情况差异较大时，应在信息报送时予以说明。对于恶意虚报外债备案登记规模的企业，国家发展改革委将其不良信用记录纳入国家信用信息平台。

2019年6月，国家发展改革委办公厅发布《关于对地方国有企业发行外债申请备案登记有关要求的通知》，就地方国有企业发行外债备案登记申请有关要求通知如下：

（一）所有企业（含地方国有企业）及其控制的境外企业或分支机

构发行外债，需由境内企业向国家发展改革委申请备案登记。

（二）所有企业（含地方国有企业）发行外债申请备案登记应提交申请材料的真实性承诺函，并由企业主要决策人员签字确认。对于虚假承诺的企业，国家发展改革委将把企业及主要决策人员违规行为记入信用记录，并纳入全国信用信息共享平台。

（三）地方国有企业发行外债申请备案登记需持续经营不少于三年。

（四）地方国有企业作为独立法人承担外债偿还责任，地方政府及其部门不得直接或者承诺以财政资金偿还地方国有企业外债，不得为地方国有企业发行外债提供担保。

（五）承担地方政府融资职能的地方国有企业发行外债仅限用于偿还未来一年内到期的中长期外债。

（六）地方国有企业发行外债应加强信息披露。在债券募集说明书等文件中，严禁掺杂可能与政府信用挂钩的误导性宣传信息。

2020年10月，国家发展改革委发布《关于线上申请企业外债备案登记有关事项的指引》，指出：自2020年11月1日起，企业申请中长期外债备案登记、信息报送、重大事项报告、应询反馈等均通过网络系统进行办理，并发布《企业借用外债备案登记办事指南》（以下简称《指南》）。《指南》中指出：当外债总规模超出限额时，国家发展改革委将向社会公告，同时不再受理备案登记申请。

《指南》明确，企业办理外债备案登记的申请材料目录包括：

1. 关于申请办理外债备案登记的请示。
2. 企业借用外债真实性承诺函及签字人员身份证复印件。
3. 附件：

（1）申请主体、发行主体、担保主体（如有）的注册登记证明文件；

（2）追溯至最终实际控制人的外债主体股权架构图；

（3）依据公司章程出具的关于本次借用外债、对本次借用外债提供担保（如有）等事项的内外部决议文件；

（4）相应主体的公司章程；

（5）发行人、担保人（如有）最近三年及最近一期财务报告；

（6）中长期国际商业贷款请提供经签署的贷款协议或同等效力文件；

(7) 募投项目的审批、核准或备案文件，投资合同或意向书，项目的其他支持性文件（如适用）；

(8) 企业过往外债备案登记证明文件及备案项下的额度使用情况（如有）；

(9) 信用评级报告（如有）。

2016年，外汇局发布《国家外汇管理局关于改革和规范资本项目结汇管理政策的通知》。其中，资本项目外汇收入意愿结汇是指相关政策已经明确实行意愿结汇的资本项目外汇收入（包括外汇资本金、外债资金和境外上市调回资金等），可根据境内机构的实际经营需要在银行办理结汇。境内机构资本项目外汇收入意愿结汇比例暂定为100%。国家外汇管理局可根据国际收支形势适时对上述比例进行调整。境内机构原则上应在银行开立一一对应的"资本项目—结汇待支付账户"，用于存放资本项目外汇收入意愿结汇所得人民币资金，并通过该账户办理各类支付手续。

根据规定，办理外债资金结汇时，中资企业在遵循"实需原则"的前提下，可持相关证明文件等材料到银行办理结汇业务；银行按照有关规定审核证明文件并确保真实性和一致性之后，可直接为中资企业办理结汇手续，无须外汇局特批。

2016年，人民银行、外汇局建立了全口径跨境融资宏观审慎管理框架，取消外债事前审批，极大便利了境内机构跨境融资。

2017年1月，人民银行发布了《关于全口径跨境融资宏观审慎管理有关事宜的通知》，区域性跨境融资创新试点自2017年5月4日起统一按全口径跨境融资宏观审慎模式管理。该通知的变化主要有三方面：一是扩大了全口径外债融资的适用范围；二是提高了境外融资的额度；三是进一步降低了企业跨境融资的政策阻碍。

根据通知内容，跨境融资风险加权余额上限的计算公式为：跨境融资风险加权余额上限＝资本或净资产×跨境融资杠杆率×宏观审慎调节参数。其中，企业在计算跨境融资风险加权余额上限时，资本或净资产一项采取净资产的口径，跨境融资杠杆率计为2；非银行法人金融机构在计算跨境融资风险加权余额上限时，资本或净资产一项采取资本的口径（即实收资本或股本＋资本公积），跨境融资杠杆率计为1。

即内、外资融资租赁公司的跨境融资上限由原来的1倍净资产扩大至 2 倍净资产，金融租赁公司的杠杆率为 1 倍。

外债额度的计算方式为：跨境融资风险加权余额≤跨境融资风险加权余额上限。其中，跨境融资风险加权余额 = $\sum$ 本外币跨境融资余额×期限风险转换因子

一年以上中长期外债暂定为 1，一年及以下短期外债暂定为 1.5）×类别风险转换因子（暂定为 1）+$\sum$ 外币跨境融资余额×汇率风险折算因子（暂定为 0.5）。

根据规定，国家外汇管理局对除 27 家银行类金融机构以外的其他金融机构跨境融资业务进行管理。企业应当在跨境融资合同签约后但不晚于提款前 3 个工作日，向国家外汇管理局的资本项目信息系统办理跨境融资情况签约备案。金融机构开展跨境融资业务前，应结合自身情况制定本外币跨境融资业务的操作规程和内控制度，报人民银行、国家外汇管理局备案后实施。金融机构在跨境融资合同签约后执行前，向人民银行、国家外汇管理局报送资本金额、跨境融资合同信息，并在提款后按规定报送本外币跨境收入信息，支付利息和偿还本金后报送本外币跨境支出信息。

在此之后，人民银行和外汇管理局又多次调整跨境融资的政策。

2020 年 3 月 11 日，《中国人民银行 国家外汇管理局关于调整全口径跨境融资宏观审慎调节参数的通知》，将宏观审慎调节参数由 1 上调至 1.25。调整后跨境融资风险加权余额上限相应提高 25%。

2020 年 12 月 11 日，为进一步完善全口径跨境融资宏观审慎管理，引导金融机构市场化调节外汇资产负债结构，中国人民银行、国家外汇管理局决定将金融机构的跨境融资宏观审慎调节参数从 1.25 下调至 1。

2021 年 1 月 7 日，人民银行、外汇局决定将企业的跨境融资宏观审慎调节参数由 1.25 下调至 1。

3. 跨境融资主要形式之一：境外借款

境外借款是指企业向中国境外的金融机构（不含境内外资金融机构）、企业、个人或其他经济组织筹借的，以外币承担契约性还款义务的款项。

租赁公司从境外银行获取低成本资金一般会委托境内银行来操作，根据客户的委托，境内银行帮助在国际市场组织以人民币或外币计价的银行/银团贷款。在这个过程中，租赁公司按规定进行备案，在收到募集资金后办理相关债权债务关系，并进行必要的用途登记。

其主要有两种操作模式：

一是由境内银行以保函形式提供担保，境外银行发放本外币贷款。

二是由境外银行直接提供贷款。境外银行核定企业授信，然后进行内部授信审批，审批通过后境外银行与企业签订贷款合同。合同签订后，企业凭双方签署后的合同原件以及其他外债登记资料至国家外汇管理局或中国人民银行跨境办进行核准登记外债。境外银行收到外管外债批复和企业的申请提款相关资料后进行放款。

借入外币资金需承担汇兑风险。融资租赁公司一般是通过有衍生产品交易资格的商业银行进行对冲交易，主要包括汇率对冲、利率对冲、交叉对冲等方式。对于金融租赁公司来说，进行锁汇需要取得衍生产品交易资格。根据《金融租赁公司管理办法》，基础类衍生产品交易资格需进行申请，经银保监会批准后，可以开展基础类衍生产品交易业务；业务品种包括远期类、期权类、掉期类。

4. 跨境融资主要形式之二：跨境人民币贷款

跨境人民币贷款是指境内企业从境外（含离岸）经营人民币业务的银行借入人民币资金。跨境人民币贷款能促进人民币在资本项下的自由流动，缩小境内外的利率差异，推进人民币的国际化。

租赁公司可以利用跨境人民币贷款方式获取境外低成本人民币资金，在境内开展业务以服务于实体经济的发展。

2012年6月，国务院正式公布了《国务院关于支持深圳前海深港现代服务业合作区开发开放有关政策的批复》，支持设立在前海的银行机构发放境外项目人民币贷款，积极研究香港银行机构对设立在前海的企业或项目发放人民币贷款。

2012年12月27日，中国人民银行（央行）深圳市中心支行发布公告称，央行办公厅已批复同意《前海跨境人民币贷款管理暂行办法》。这标志着深圳前海地区跨境人民币贷款业务正式启动。

2012年年底，中国人民银行深圳市中心支行印发《前海跨境人民币贷款管理暂行办法》，明确"前海跨境人民币贷款是指符合条件的境内企业从香港经营人民币业务的银行借入人民币资金"。符合条件的境内企业（以下称"借款企业"）是指在前海注册成立并在前海实际经营或投资的企业。

《前海跨境人民币贷款管理暂行办法》规定：

借款企业应在办理前海跨境人民币贷款业务前通过境内结算银行向深圳人行提交备案申请。

境内金融机构和企业可根据《中华人民共和国担保法》《中华人民共和国物权法》及《中国人民银行关于明确跨境人民币业务相关问题的通知》等相关规定，以保证、抵押或者质押等形式，为前海跨境人民币贷款提供担保。

深圳人行根据香港人民币业务发展情况、前海建设发展需求和国内宏观调控的需要，对前海企业获得香港人民币贷款实行余额管理。对前海企业获得香港人民币贷款实行余额管理。贷款期限、贷款利率由借贷双方自主确定。

2014年，人民银行上海总部印发《关于支持中国（上海）自由贸易试验区扩大人民币跨境使用的通知》，规定：区内金融机构和企业从境外借用人民币资金（不包括贸易信贷和集团内部经营性融资）应用于国家宏观调控方向相符的领域，暂不得用于投资有价证券（包括理财等资产管理类产品）、衍生产品，不得用于委托贷款。

2014年7月，人民银行总行正式批复中新天津生态城跨境人民币创新业务，并正式对外公布试点政策细则。本次批复的业务包括新加坡银行机构对生态城内企业发放跨境人民币贷款、股权投资基金人民币对外投资、生态城内企业到新加坡发行人民币债券、个人经常项下及对外直接投资项下跨境人民币业务四项具体内容。2016年，经中国人民银行总行批复，天津生态城跨境人民币创新业务试点扩展至天津全市范围。

各地的跨境人民币贷款政策基本类似，由人民银行分行对贷款实行余额管理，借款人只需向人民银行分行进行备案，但对借款用途有比较明确的限制。

以前海跨境人民币贷款为例，跨境人民币贷款操作流程如下：

(1) 境内银行根据融资租赁企业提出的融资申请，进行海外询价、接洽境外银行为融资租赁企业制定融资方案。

(2) 境外银行向境内企业出具《贷款意向函》。

(3) 境内企业向境内银行发起跨境人民币贷款备案申请。

(4) 境内银行向主管人民银行进行备案。

(5) 人民银行对跨境人民币贷款进行批复。

(6) 境内企业向境外银行正式发起跨境人民币贷款申请。

(7) 境内企业和境外银行签订《跨境人民币贷款合同》。

(8) 境内企业在境内银行开立跨境人民币贷款专户，用于贷款监管。

(9) 境外银行向贷款专户进行放款，境内企业可提款使用。

跨境人民币贷款操作模式有：

(1) 股东直开担保函模式

A企业为上海某大型企业，上海工行额度充足。A企业在前海成立了融资租赁公司B。A企业在上海工行申请开立保函，保函受益人为香港工银亚洲，香港工银亚洲办理跨境人民币贷款，借款人为融资租赁公司B，并用于B企业的融资租赁项目。

该模式主要占用股东A公司的银行授信额度，为融资租赁B公司开立保函。

(2) 背对背保函模式

A企业为境内某大型股份企业，在工行的额度已使用完毕，但他行额度充足，A企业在前海成立了融资租赁公司B。A公司在他行申请开立银行履约保函给前海工行。前海工行据此对境外银行开立保函。境外银行办理跨境人民币贷款，借款人为前海融资租赁公司B，并用于B企业的融资租赁项目。

(3) 承租人担保模式

承租人为前海融资租赁公司提供担保，工行前海分行据此向境外银行申请跨境人民币贷款，香港银行发放贷款，用于租赁公司的融资租赁项目，前海工行为贷款管理行和清算行。该模式占用的是承租人的银行授信额度。

5. 跨境融资主要形式之三：境外发行债券

《关于推进企业发行外债备案登记制管理改革的通知》中将境外债券定义为：境内企业及其控制的境外企业或分支机构向境外举借的、以本币或外币计价、按约定还本付息的1年期以上债务工具。

对于租赁公司来说，境外发债的目的在于用中长期低息债券融资，偿还高利率的银行贷款，缓解租赁公司短借长贷与高融资成本所衍生的资产错配等结构性风险，此外开展跨境融资有助于公司国际化业务的拓展。实际操作中，不同种类的境外债券对发行流程和要求有所不同。

（1）债券种类

目前国内发债主体发行的境外债券多为美元债券、欧元债券和人民币债券。金融租赁公司一般在境外发行美元债，融资租赁公司在发行美元债券外，也发行少量人民币债券。

境外美元债券又称中资美元债，是指中资企业（包括境内企业或其控制的境外企业或分支机构）在离岸债券市场发行的、向境外举借的、以美元计价、按约定还本付息的债券。从发行市场来看，中资美元债主要在香港、新加坡等境外市场。投资者主要是境内金融机构、境外对冲基金、私人银行等高净值客户。

境外发行人民币计价债券是指在人民币离岸市场上发行以人民币计价、还本付息的债券。在香港发行的以人民币计价的债券又称点心债。

（2）发行流程及要求

境外债券的发行与审批涉及外债管理、发行规则、交易结构等。管理部门是国家发展改革委、外汇局、中国人民银行。

2021年12月28日，人民银行发布公告，决定废止《境内金融机构赴香港特别行政区发行人民币债券管理暂行办法》（以下简称《暂行办法》），并明确境内金融机构赴境外发行人民币债券统一由中国人民银行、国家发展改革委等相关部门在现行管理框架及各自职责范围内分工负责。《暂行办法》废止后，境内金融机构赴香港及香港之外的其他国家（地区）发行本、外币债券不受影响，并且程序将更加简便、优化，在核准额度内可自主选择具体发行区域和发行窗口。

具体而言：金融机构向人民银行提出境外发债申请时，可根据《中国人民银行关于全口径跨境融资宏观审慎管理有关事宜的通知》规定，计算并报送本机构的跨境融资风险加权余额上限，在此上限内，人民银行对其本、外币债券余额进行核准。同时，金融机构在赴境外发行债券前，需按《国家发展改革委关于推进企业发行外债备案登记制管理改革的通知》等相关规定向发展改革委申请办理备案登记手续，及时报送发行信息，按照"聚焦主业、服务实体、防范风险"的原则，切实提高外债资金使用效益。

具体到发行要求上，目前境内企业在境外发行债券没有标准文件和流程，根据发行币种、发行场所、发行主体类型等有所差异。

以中资美元债为例，发行流程一般包括指定中介机构、启动项目、准备发行文件、路演与定价、发行与簿记五个环节。理论耗时6~8周，实际耗时约6~12周，具体项目会存在进度差异。

一般来说，发行文件要求如表5-5所示。

表5-5 中资美元债的主要发行文件清单

发行文件	简介
债券募集说明书	为债券发行的销售及披露文件，内容包括对拟发行债券的描述，如资金用途、债券结构、债券条款等；同时亦会详细介绍发行人和担保人的业务和财务状况等重要信息；为承销商和发行人就拟定的债券项目在承销方面的协议，如承销商的承诺、发行人与担保人的承诺
承销协议	本协议会按照发行人与承销商就债券发行量与及利率所达成的共识在簿记建档时签署
信托人协议	为描述发行人与信托人的关系的法律文件（也可采用财务代理人的结构）
付款行协议	为支付行对拟发行债券的登记，付息及其他的分类指令
法律意见书	由境内和境外的发行人和承销商律所团队分别出具，主要是关于一些协议和文件的合法性和法律性的意见
安慰函	由审计师出具，确认招债书内所披露的财务数据的准确性
路演材料	包括路演材料和投资者问答清单，向投资人完整地呈现公司的投资亮点

境外债券的发行要遵守境外市场的相关规则。目前，债券海外发行

的市场规则主要区分有 S 条例（Regulation S 或称 Reg S 条例）、144A 规则与 SEC，具体情况见表 5-6。其中 S 条例和 144A 规则都是美国相关法律的简称，是全球范围内备受欢迎、应用最广的两个条例。

根据 S 条例，如果一个美国公司或外国公司的证券发行发生在美国境外，则该证券发行不再受美国证券法信息披露规则的管辖。

表 5-6 中资美元债的三种发行方式对比

事项	RegS	144A	SEC 注册发行
投资者	美国本土以外的机构投资者	欧洲及亚洲机构投资者、美国和各机构投资者	全球机构投资者、美国个人投资者
审批	无须审批	无须审批	无须审批
适用	通常应用于中小国美元发行	全球发行	全球发行
先例	中国海外	进出口银行、中石油	国开行、百度、中海油
年限	3~10 年	5~30 年	5~30 年
发行规模	2 亿~10 亿美元	5 亿~30 亿美元	5 亿~60 亿美元
发行利率	最高	中间	最低
发行所需时间	约 6 周	约 8 周	约 8 周
会计报表要求	不需使用美国会计制度；不需要列出本地准则和美国准则的重大差异	不需使用美国会计准则；必须列出本地准则和美国准则的重大差异	不需要使用美国会计准则；必须列出本地准则和美国准则的重大差异
披露义务	较少的披露义务；较简化的尽职调查	严格的披露义务；严格的尽职调查	严格的披露义务；严格的尽职调查
评级	一般需要两家评级机构的评级		

资料来源：兴业证券《中资美元债专题系列一：中资美元债知多少》。

由于美国法律对证券发行有严格的注册和信息披露要求，许多外国公司因此不愿在美国资本市场发行证券，为此美国证监会颁布实施了 144A 规则，主要目的是吸引外国企业在美国资本市场发行证券，提高美国国内私募证券市场的流动性和有效性。根据 144A 规则的规定，发行人可以发行不受美国证监会的注册和信息披露要求限制的证券，但这类债券或票据只能在私募市场向合格的机构认购者发行。业界普遍认为，除上市之外，通过 144A 发售是最高效、最快速的融资方式。

国内租赁公司目前多采用 S 条例，少数采用 144A 规则。

对于发行境外人民币债券，《关于境内非金融机构赴香港特别行政区发行人民币债券有关事项的通知》中要求，境内非金融机构赴香港特别行政区发行人民币债券，要按照本通知规定的程序，报国家发展改革委核准。中央管理企业可直接向国家发展改革委提出申请；地方企业向注册所在地省级发展改革委提出申请，经省级发展改革委审核后报国家发展改革委。

境内非金融机构赴香港特别行政区发行人民币债券应符合下列条件：

（一）具有良好的公司治理机制；

（二）资信情况良好；

（三）具有较强的盈利能力；

（四）募集资金投向应主要用于固定资产投资项目，并符合国家宏观调控政策、产业政策、利用外资和境外投资政策以及固定资产投资管理规定，所需相关手续齐全；

（五）已发行的所有企业债券或者其他债务未处于违约或者延迟支付本息的状态；

（六）最近三年无重大违法违规行为。

境内非金融机构发行人民币债券的申请材料应当包括：

（一）发行人民币债券的申请报告；

（二）董事会同意发行人民币债券的决议或具有相同法律效力的文件；

（三）拟发债规模、期限及募集资金用途；

（四）人民币债券发行方案；

（五）发行人最近三年的财务报告和审计报告；

（六）法律意见书；

（七）企业法人营业执照（副本）复印件；

（八）要求提供的其他文件或材料。

境内非金融机构在香港特别行政区发行人民币债券形成的外债，按现行外债管理规定办理外债登记、还本付息等手续。

（3）发行案例

目前境内没有法律文件明确规定境内企业赴境外发债的条件。融资租赁行业中，金融租赁公司尤其是国有大行旗下的金融租赁公司在境外的债券发行量较大，表现较为活跃。大型融资租赁公司如远东宏信、中航租赁、招商局租赁等也发行过多笔境外债券。

从发行种类来看，以中资美元债为主，少数发行人民币债券，分期限来看，基本都是中长期债券，还发行了少量的永续债。

境外债券发行结构的分为直接发债、担保结构、备用信用证（SBLC）模式以及维好协议等，具体如下。

①直接发债。这是所有发债架构中最简单但门槛最高的方式。无须搭建境外子公司，避免使用跨境担保，企业的信用度最高，发行利率较低，同时对于资金回流的监管也最少。

②担保结构。比起境内企业直接跨境发债的途径，担保结构设置了一层SPV，其注册地一般在开曼群岛，享受当地税收优惠，以外商身份把募得资金投回国内。但是SPV拥有很少或完全没有资产，发生债务违约时，境外债券持有人的偿付顺位低于母公司的境内债权人，需要提供额外的增信来降低融资成本，一般是跨境担保、维好协议、备用信用证担保等。其中母公司直接担保的信用更好，发行利率直接受到母公司信用等级影响。

③备用信用证模式。这是采用较多的一种结构。由银行出具备用信用证可有效提升债券信用，降低票面利率。通过备用信用证或保函作为增信工具，其债券评级有很大机会视同于由其银行发行的债券评级，租赁公司无须进行向评级机构披露其业务或营运的相关信息。但此方式将提高综合融资成本，且会占用企业在银行的授信额度。

④维好协议。境内股东或租赁公司自身提供维好协议和股权回购承诺时，如果发行人无法按时付息或偿还本金，境内股东或租赁公司会收购境内项目公司的股权，收购所付资金汇出境外偿还利息或本金。此种方式虽然规避了跨境担保限额，但维好协议实际上不具有法律效力，在出现债务风险的情况下，债权人不能直接对维好人要求履约，维好人也不具有对债权人的支付义务，债券发行的票面利率将会较高，且境外平台公司需下设

境内子公司并持有境内资产以支持股权回购协议的行使效力。

根据发行主体和交易构架的不同，以下列出多种境外债券发行案例。

案例一　金融租赁公司通过股东设立的境外 SPV 发行债券，由境外银行提供担保

2013 年 2 月，交银租赁成功发行 10 年期美元计价债券，总价值约 5 亿美元，票面息率为 3.75%，按面值的 99.678% 发行，实际收益率为 3.789%。该单债券采用了 SPV 模式，即发债主体为交行海外子公司 Azure Orbit International Finance Ltd.，所发本期债券由交行香港分行提供担保。

案例二　金融租赁公司通过境外子公司发行债券，并由金租提供维好协议和回购承诺

2020 年 11 月，国银租赁通过境外平台发行中期票据计划项下的 5 亿美元票据。由注册在开曼群岛的 CDBL FUNDING 1 作为发行人，国银租赁注册在爱尔兰的专业子公司国银航空金融租赁作为担保人，无条件及不可撤回地提供担保，国银租赁提供维持良好及资产购买契据之利益。

案例三　融资租赁公司境外子公司作为发行人，融资租赁公司提供担保

2020 年 10 月，招商租赁成功发行首笔 Reg S、以美元计价、固定利率的高级无抵押债券，发行规模 3.5 亿美元，期限 5 年，票息 2.375%。

发行人：Ocean Laurel Co. Limited（境外公司）

担保人：招商局通商融资租赁有限公司

担保人评级：穆迪 Baa2 稳定；标普 BBB 稳定；惠誉 BBB+ 稳定

类型：高级无抵押固定利率债券

发行规则：Reg S

期限：5 年

资金用途：用于海外项目、偿还借款、补充营运资金或一般公司用途

案例四　融资租赁公司境外子公司作为发行人，股东（境内非金融企业）提供担保

2019 年 8 月 15 日，国泰租赁成功发行 3 亿美元 3 年期高级无抵押定息境外债券，票面年化利率为 4.37%，较初始定价收窄 33 个基点。发行主体为国泰租赁下属境外子公司瀚惠国际有限公司，担保主体为股东山

东国惠投资有限公司。

案例五　融资租赁公司直接跨境发行人民币债券，境内非金融企业提供担保

2016年8月，华科融资租赁有限公司5亿人民币3年期境外债券，在新加坡交易所挂牌上市。债券票面利率为5.20%。本期债券由华科融资租赁有限公司作为主体直接跨境发行。发行人和担保人均为境内非金融企业，无外部金融机构增信。

参考文献

林华, 2015. 中国资产证券化操作手册 [M]. 北京：中信出版社.

吴维海, 2019. 企业融资170种模式及操作案例 [M]. 北京：中国金融出版社.

邹健, 等, 2020. 中国债券市场操作手册 [M]. 北京：中国金融出版社.

付景璋, 2020. 融资租赁项下国内信用证的"危"与"机" [J]. 中国外汇, (8)：62-63.

王佳磊, 2018. "走出去"企业境外美元债发行模式浅析 [J]. 交通财会, 371 (6)：46-50.

王晓菁, 2018. 融资租赁公司拓宽融资渠道的研究 [J]. 管理观察, 38 (10)：142-144.

陶雯嘉, 2016. 人民币跨境融资模式的比较研究：以上海自贸区为例 [D]. 上海：上海交通大学.

郑惠文. 起底银登中心 [EB/OL] (2021-9-9). https://mp.weixin.qq.com/s/2T4GIR5IDEb0XJqURX0r8A 2021/9/9.

附录一 政策目录合集

施行时间	文件名称	发布机构
2022-8-1	关于发布修订后的《非公开发行公司债券报备管理办法》的通知（中证协发〔2022〕120号）	中国证券业协会
2022-4-29	关于发布《深圳证券交易所公司债券发行上市审核业务指引第2号——申请文件及其编制要求》的通知（深证上〔2022〕438号）	深圳证券交易所
2022-4-29	关于发布《深圳证券交易所公司债券发行上市审核业务指引第1号——审核重点关注事项（2022年修订）》的通知（深证上〔2022〕437号）	深圳证券交易所
2022-4-22	关于发布《上海证券交易所公司债券发行上市审核规则》的通知（上证发〔2022〕57号）	上海证券交易所
2022-4-22	关于发布《上海证券交易所公司债券发行上市审核规则适用指引第3号——审核重点关注事项（2022年修订）》的通知（上证发〔2022〕63号）	上海证券交易所
2022-4-22	关于发布《上海证券交易所非公开发行公司债券挂牌规则》的通知（上证发〔2022〕59号）	上海证券交易所
2022-4-22	关于发布《深圳证券交易所公司债券发行上市审核规则》的通知（深证上〔2022〕390号）	深圳证券交易所

表(续)

施行时间	文件名称	发布机构
2022-4-22	关于发布《深圳证券交易所公司债券上市规则（2022年修订）》的通知（深证上〔2022〕391号）	深圳证券交易所
2022-4-22	关于发布《深圳证券交易所非公开发行公司债券挂牌规则（2022年修订）》的通知（深证上〔2022〕392号）	深圳证券交易所
2022-4-22	关于发布《上海证券交易所公司债券上市规则（2022年修订）》的通知（上证发〔2022〕58号）	上海证券交易所
2022-4-8	《关于修改〈首次公开发行股票并上市管理办法〉的决定》（证监会令【第196号】）	证监会
2022-3-4	《全国中小企业股份转让系统分层管理办法》（股转系统公告〔2022〕53号）	股转系统
2022-3-1	《银行保险机构关联交易管理办法》（中国银行保险监督管理委员会令〔2022〕1号）	银保监会
2022-2-18	关于发布《全国中小企业股份转让系统挂牌公司持续监管指引第1号——筹备发行上市》的公告（股转系统〔2022〕39号）	股转系统
2022-1-7	关于发布《上海证券交易所股票上市规则（2022年1月修订）》的通知（上证发〔2022〕1号）	上海证券交易所
2022-1-7	关于发布《深圳证券交易所股票上市规则（2022年修订）》的通知（深证上〔2022〕12号）	深圳证券交易所
2022-1-1	《香港联合交易所有限公司证券上市规则》	香港联合交易所
2021-12-23	《公开发行证券的公司信息披露内容与格式准则第24号—公开发行公司债券申请文件（2021年修订）》（证监会公告〔2021〕47号）	证监会
2021-11-15	《北京证券交易所上市公司证券发行注册管理办法（试行）》（证监会令【第188号】）	证监会

表(续)

施行时间	文件名称	发布机构
2021-11-15	《北京证券交易所向不特定合格投资者公开发行股票注册管理办法（试行）》（证监会令【第187号】）	证监会
2021-10-1	《关于资产支持计划和保险私募基金登记有关事项的通知》（银保监办发〔2021〕103号）	银保监会
2021-9-8	《银行业信贷资产登记流转中心银行业信贷资产流转集中登记规则》（银登字〔2021〕31号）	银登中心
2021-8-13	《关于取消非金融企业债务融资工具信用评级要求有关事项的通知》（中市协发〔2021〕143号）	交易商协会
2021-8-11	中国人民银行公告〔2021〕第11号	人民银行
2021-6-10	《关于进一步落实信贷资产证券化信息登记工作有关事项的通知》（银登字〔2021〕27号）	银登中心
2021-5-17	《信贷资产登记流转业务信息披露指引（2021年修订）》（银登字〔2021〕12号）	银登中心
2021-5-17	《信贷资产存续期管理业务规则》（银登字〔2021〕19号）	银登中心
2021-5-17	《信贷资产登记流转业务结算规则》（银登字〔2021〕21号）	银登中心
2021-5-1	关于发布《上海证券交易所公司债券发行上市审核规则适用指引第1号——申请文件及编制（2021年修订）》的通知上证发（〔2021〕27号）	上海证券交易所
2021-5-1	关于发布实施《银行间债券市场非金融企业债务融资工具信息披露规则（2021版）》《银行间债券市场非金融企业债务融资工具存续期信息披露表格体系（2021版）》及《非金融企业债务融资工具募集说明书投资人保护机制示范文本（2021版）》等有关事项的通知（中市协发〔2021〕43号）	交易商协会

183

表(续)

施行时间	文件名称	发布机构
2021-4-2	《绿色债券支持项目目录（2021年版）》	人民银行、国家发改委、证监会
2021-3-26	关于发布2021年版《非金融企业短期融资券业务指引》《非金融企业中期票据业务指引》《非金融企业超短期融资券业务指引》的公告（中国银行间市场交易商协会公告〔2021〕9号）	交易商协会
2021-3-18	《关于明确碳中和债相关机制的通知》	交易商协会
2021-2-26	《公司债券发行与交易管理办法（2021年修订）》（证监会令第180号）	证监会
2021-1-1	《中华人民共和国民法典》（主席令第四十五号）	全国人大常务委员会
2020-12-31	关于修订《非金融企业债务融资工具注册发行规则》的公告（中国银行间市场交易商协会公告〔2020〕39号）	交易商协会
2020-11-13	《关于银行业金融机构信贷资产证券化信息登记有关事项的通知》（银保监办发〔2020〕99号）	银保监会
2020-11-13	《信贷资产证券化信息登记业务规则（试行）》（银登字〔2020〕19号）	银登中心
2020-11-1	《关于线上申请企业外债备案登记有关事项的指引》	国家发改委
2020-8-3	《标准化债权类资产认定规则》（人民银行 银保监会 证监会 外汇局〔2020〕第5号）	人民银行、银保监会、证监会、外汇局
2020-7-1	关于发布《非金融企业债务融资工具定向发行注册文件表格体系（2020版）》《债务融资工具定向发行协议（2020版）》的公告（中国银行间市场交易商协会〔2020〕6号）	交易商协会
2020-7-1	关于发布实施《非金融企业债务融资工具定向发行注册工作规程（2020版）》有关事项的通知（中市协发〔2020〕77号）	交易商协会

表(续)

施行时间	文件名称	发布机构
2020-7-1	关于公布实施《非金融企业债务融资工具公开发行注册工作规程（2020版）》《非金融企业债务融资工具公开发行注册文件表格体系（2020版）》等有关事项的通知（中市协发〔2020〕42号）	交易商协会
2020-6-12	关于发布《非金融企业债务融资工具发行规范指引》《非金融企业债务融资工具簿记建档发行工作规程》的公告（中国银行间市场交易商协会公告〔2020〕14号）	交易商协会
2020-6-12	关于发布《上海证券交易所主板首次公开发行股票发行与上市业务指南》的通知（上证函〔2020〕1175号）	上海证券交易所
2020-6-5	《在银行间债券市场或到境外发行金融债券审批事项服务指南》	人民银行
2020-6-3	《关于全国中小企业股份转让系统挂牌公司转板上市的指导意见》（中国证券监督管理委员会公告〔2020〕29号）	证监会
2020-3-23	《中国银保监会非银行金融机构行政许可事项实施办法》（中国银行保险监督管理委员会令2020年第6号）	银保监会
2020-3-11	《关于调整全口径跨境融资宏观审慎调节参数的通知》（银发〔2020〕64号）	人民银行外汇局
2020-3-1	《中华人民共和国证券法（2019年修订）》（主席令第37号）	全国人大常务委员会
2020-3-1	《关于贯彻实施修订后的证券法有关工作的通知》（国办发〔2020〕5号）	国务院
2020-3-1	《关于公开发行公司债券实施注册制有关事项的通知》（证监办发〔2020〕14号）	证监会
2019-12-20	《非公开发行公司债券项目承接负面清单指引（2019年修订）》	中国证券业协会
2019-11-29	《关于商业银行资本工具创新的指导意见（修订）》（银保监发〔2019〕42号）	银保监会

表(续)

施行时间	文件名称	发布机构
2019-6-24	《融资租赁债权资产证券化业务尽职调查工作细则》(中基协字〔2019〕292号)	中国证券投资基金业协会
2019-6-6	《关于对地方国有企业发行外债申请备案登记有关要求的通知》(发改办外资〔2019〕666号)	国家发改委
2019-4-26	《关于支持绿色金融改革创新试验区发行绿色债务融资工具的通知》(银发〔2019〕116号)	人民银行
2019-1-16	《银行业信贷资产登记流转中心信贷资产登记流转业务规则》(银登字〔2019〕3号)	银登中心
2018-10-26	《中华人民共和国公司法(2018修订)》(主席令第15号)	全国人大常务委员会
2018-10-19	《深圳证券交易所首次公开发行股票发行与上市指南(2018年修订)》(深证上〔2018〕492号)	深圳证券交易所
2018-5-22	关于印发《银行业金融机构联合授信管理办法(试行)》的通知(银保监发〔2018〕24号)	原银监会
2018-5-11	《非公开发行公司债券项目承接负面清单指引(2018年修订)》(中证协发〔2018〕102号)	中国证券业协会
2018-4-27	《关于规范金融机构资产管理业务的指导意见》(银发〔2018〕106号)	人民银行 银保监会 证监会 外汇局
2018-2-28	中国人民银行公告〔2018〕第3号(银行业金融机构发行资本补充债券)	人民银行
2018-2-9	《上海证券交易所融资租赁债权资产支持证券挂牌条件确认指南》	上海证券交易所
2018-2-9	《深圳证券交易所融资租赁债权资产支持证券挂牌条件确认指南》	深圳证券交易所
2018-2-5	《关于加强绿色金融债券存续期监督管理有关事宜的通知》(银发〔2018〕29号)	人民银行

表(续)

施行时间	文件名称	发布机构
2018-1-5	《商业银行委托贷款管理办法》（银监发〔2018〕2号）	原银监会
2017-12-29	《关于明确国内信用证业务有关问题的通知》	中国支付清算协会
2017-10-10	关于公布《非金融企业资产支持票据指引》及《非金融企业资产支持票据公开发行注册文件表格体系》的公告（中国银行间市场交易商协会公告〔2017〕27号）	交易商协会
2017-3-22	《非金融企业绿色债务融资工具业务指引》（中国银行间市场交易商协会公告〔2017〕10号）	交易商协会
2017-3-2	《中国证监会关于支持绿色债券发展的指导意见》（证监会公告〔2017〕6号）	证监会
2017-1-11	《关于全口径跨境融资宏观审慎管理有关事宜的通知》（银发〔2017〕9号）	人民银行
2016-12-12	《非金融企业资产支持票据指引（修订稿）》（中国银行间市场交易商协会公告〔2017〕27号）	交易商协会
2016-10-8	《国内信用证结算办法》（中国人民银行 中国银行业监督管理委员会公告〔2016〕第10号）	人民银行 原银监会
2016-9	《关于金融租赁公司发行二级资本债券有关事项的通知》（银监办发〔2016〕149号）	原银监会
2016-8-9	关于发布《全国银行间同业拆借市场业务操作细则》的通知（中汇交发〔2016〕347号）	同业拆借中心
2016-6-20	关于发布《信贷资产收益权转让业务规则（试行）》《信贷资产收益权转让业务信息披露细则（试行）》的通知（银登字〔2016〕16号）	银登中心
2016-6-9	《关于改革和规范资本项目结汇管理政策的通知》（汇发〔2016〕16号）	外汇局
2016-5-27	《关于金融类企业挂牌融资有关事项的通知显示》（股转系统公告〔2016〕36号）	香港联合交易所

187

表(续)

施行时间	文件名称	发布机构
2016-4-28	《关于规范银行业金融机构信贷资产收益权转让业务的通知》（银监办发〔2016〕82号）	原银监会
2016-4-22	《关于开展绿色公司债券业务试点的通知》（深证上〔2016〕206号）	深圳证券交易所
2016-2-19	《非金融企业债务融资工具注册发行规则（2016版）》（中国银行间市场交易商协会公告〔2016〕4号）	交易商协会
2015-12-15	《关于在银行间债券市场发行绿色金融债券有关事宜的公告》（中国人民银行公告〔2015〕第39号）	人民银行
2015-10-1	关于修改《中华人民共和国商业银行法》的决定（主席令第三十四号）	全国人大常务委员会
2015-9-14	《关于推进企业发行外债备案登记制管理改革的通知》（发改外资〔2015〕2044号）	国家发改委
2015-8-25	《资产支持计划业务管理暂行办法》（保监发〔2015〕85号）	原保监会
2015-7-1	《银行业信贷资产流转集中登记规则》（银登字〔2015〕9号）	银登中心
2015-6-25	《关于银行业信贷资产流转集中登记的通知》（银监办发〔2015〕108号）	原银监会
2015-6-16	《关于进一步推动债务融资工具市场规范发展工作举措的通知》	交易商协会
2015-3-26	中国人民银行公告〔2015〕第7号	人民银行
2015-2-16	《机构间私募产品报价与服务系统资产证券化业务指引（试行）》	中国证券业协会
2014-12-24	《资产证券化业务基础资产负面清单指引》	中国证券投资基金业协会
2014-12-24	《资产证券化业务风险控制指引》	中国证券投资基金业协会

表（续）

施行时间	文件名称	发布机构
2014-12-24	《资产支持专项计划说明书内容与格式指引（试行）》	中国证券投资基金业协会
2014-12-15	《资产支持专项计划备案管理办法》（中基协函〔2014〕459号）	中国证券投资基金业协会
2014-11-26	《上海证券交易所资产证券化业务指引》（上证发〔2014〕80号）	上海证券交易所
2014-11-25	《深圳证券交易所资产证券化业务指引》（2014年修订）	深圳证券交易所
2014-11-20	《关于信贷资产证券化备案登记工作流程的通知》（银监办便函〔2014〕1092号）	原银监会
2014-11-19	《证券公司及基金管理公司子公司资产证券化业务管理规定》（中国证券监督管理委员会公告〔2014〕49号）	证监会
2014-11-19	《证券公司及基金管理公司子公司资产证券化业务尽职调查工作指引》（中国证券监督管理委员会公告〔2014〕49号）	证监会
2014-11-19	《证券公司及基金管理公司子公司资产证券化业务信息披露指引》（中国证券监督管理委员会公告〔2014〕49号）	证监会
2014-8-21	《私募投资基金监督管理暂行办法》（中国证券监督管理委员会令第105号）	证监会
2014-6-3	《前海跨境人民币贷款管理暂行办法》（深人银发【2012】173号）	深圳人民银行
2014-5-8	《关于规范商业银行同业业务治理的通知》（银监发〔2014〕140号）》	原银监会
2014-4-30	《金融租赁公司、汽车金融公司和消费金融公司发行金融债券有关事宜》（中国人民银行、中国银行业监督管理委员会公告〔2014〕第8号）	人民银行原银监会

表(续)

施行时间	文件名称	发布机构
2014-4-24	《关于规范金融机构同业业务的通知（银发〔2014〕127号）》	人民银行、原银监会、证监会、原保监会、外汇局
2014-4-3	《商业银行保理业务管理暂行办法》（中国银行业监督管理委员会令2014年第5号）	原银监会
2014-3-13	《金融租赁公司管理办法》（中国银监会令2014年第3号）	原银监会
2014-2-20	《关于支持中国（上海）自由贸易试验区扩大人民币跨境使用的通知》（银总部发〔2014〕22号）	人民银行上海总部
2013-12-31	《关于金融债券专项用于小微企业贷款后续监督管理有关事宜的通知》（银发〔2013〕318号）	人民银行
2013-12-31	人民银行银监会公告进一步规范信贷资产证券化（人民银行 中国银行业监督管理委员会公告〔2013〕第21号）	人民银行 原银监会
2013-12-13	《关于全国中小企业股份转让系统有关问题的决定》（国发〔2013〕49号）	国务院
2013-7-31	《关于加强银行保理融资业务管理的通知》（银监发〔2013〕35号）	原银监会
2013-5-13	《外债登记管理办法》（汇发〔2013〕19号）	外汇局
2013-1-1	《商业银行资本管理办法（试行）》（中国银行业监督管理委员会令2012年第1号）	原银监会
2013-1-1	《关于股份有限公司境外发行股票和上市申报文件及审核程序的监管指引》（中国证券监督管理委员会公告〔2012〕45号）	证监会
2012-7-2	《关于信贷资产支持证券登记托管、清算结算业务的公告》（清算所公告〔2012〕7号）	上海清算所

表(续)

施行时间	文件名称	发布机构
2012-6-27	《关于支持深圳前海深港现代服务业合作区开发开放有关政策的批复》（国函〔2012〕58号）	国务院
2012-5-17	《关于进一步扩大信贷资产证券化试点有关事项的通知》（银发〔2012〕第127号）	人民银行 原银监会 财务部
2012-5-2	《关于境内非金融机构赴香港特别行政区发行人民币债券有关事项的通知》（发改外资〔2012〕1162号）	国家发改委
2011-8-1	《银团贷款业务指引（2011修订）》（银监发〔2011〕85号）	原银监会
2011-4-19	《非金融企业债务融资工具非公开定向发行规则》（中国银行间市场交易商协会公告〔2011〕6号）	交易商协会
2011-3-25	关于印发《中国外汇交易中心（全国银行间同业拆借中心）业务监督管理规则》的通知（银发〔2011〕74号）	人民银行
2010-12-21	《银行间债券市场非金融企业超短期融资券业务规程（试行）》（中国银行间市场交易商协会公告〔2010〕22号）	交易商协会
2010-12-3	《关于进一步规范银行业金融机构信贷资产转让业务的通知》（银监发〔2010〕102号）	原银监会
2010-6-4	关于修改《商业银行集团客户授信业务风险管理指引》的决定（中国银行业监督管理委员会令2010年第4号）	原银监会
2010-2-12	《流动资金贷款管理暂行办法》（中国银行业监督管理委员会令2010年第1号）	原银监会
2009-7-23	《固定资产贷款管理暂行办法》（中国银行业监督管理委员会令2009年第2号）	原银监会
2009-5-15	《全国银行间债券市场金融债券发行管理操作规程》（中国人民银行公告〔2009〕第6号）	人民银行

表(续)

施行时间	文件名称	发布机构
2008-4-15	中国人民银行令〔2008〕第1号(《银行间债券市场非金融企业债务融资工具管理办法》)	人民银行
2008-2-27	《关于进一步加强信贷资产证券化业务管理工作的通知》(银监办发〔2008〕23号)	原银监会
2007-8-21	《信贷资产证券化基础资产池信息披露有关事项公告》(中国人民银行〔2007〕16号)	人民银行
2007-8-14	《公司债券发行试点办法》(中国证券监督管理委员会令第49号)	证监会
2007-7-25	《关于进一步规范企业集团财务公司委托业务的通知》(银监办通〔2007〕186号)	原银监会
2005-12-1	《金融机构信贷资产证券化试点监督管理办法》(中国银行业监督管理委员会令2005年 第3号)	原银监会
2005-12-1	《关于完善外债管理有关问题的通知》(汇发【2005】74号)	外汇局
2005-6-30	《资产支持证券信息披露规则》(中国人民银行公告〔2005〕14号)	人民银行
2005-6-1	《全国银行间债券市场金融债券发行管理办法》(中国人民银行令〔2005〕第1号)	人民银行
2005-5-24	《短期融资券管理办法》(中国人民银行令〔2005〕第2号)	人民银行
2005-4-20	《信贷资产证券化试点管理办法》(中国人民银行 中国银行业监督管理委员会公告〔2005〕第7号)	人民银行 原银监会
2004-7-16	《商业银行授信工作尽职指引》(银监发〔2004〕51号)	原银监会
2004-6-17	《商业银行次级债券发行管理办法》(中国人民银行、中国银行业监督管理委员会公告〔2004〕第4号)	原银监会
2003-3-1	《外债管理暂行办法》(国家发展计划委员会、财政部、国家外汇管理局令第28号)	原国家计划委 财政部 外汇局

表(续)

施行时间	文件名称	发布机构
2002-4-22	关于落实《商业银行中间业务暂行规定》有关问题的通知（银发〔2002〕89号）	人民银行
2001-6-21	《商业银行中间业务暂行规定》（中国人民银行令〔2001〕第5号）	人民银行
2000-4-30	《全国银行间债券市场债券交易管理办法》（中国人民银行令〔2000〕第2号）	人民银行
1999-1-20	《商业银行实施统一授信制度指引》（银发〔1999〕31号）	人民银行
1996-11-11	《商业银行授权、授信管理暂行办法》（银发〔1996〕403号）	人民银行
1994-8-4	《关于股份有限公司境外募集股份及上市的特别规定》（国务院令第160号）	国务院
1989-2-27	《关于发行短期融资券有关问题的通知》（银发〔1989〕45号）	人民银行

附录二　机关法律文件摘录

1. 《流动资金贷款管理暂行办法》见下方二维码。

《流动资金贷款管理暂行办法》

2. 《商业银行保理业务管理暂行办法》见下方二维码。

《商业银行保理业务管理暂行办法》

3. 《全国银行间同业拆借市场业务操作细则》见下方二维码。

《全国银行间同业拆借市场业务操作细则》

4. 《全国银行间债券市场金融债券发行管理办法》见下方二维码。

《全国银行间债券市场金融债券发行管理办法》

5. 《非金融企业债务融资工具注册发行规则》见下方二维码。

《非金融企业债务融资工具注册发行规则》

6. 《公司债券发行与交易管理办法》见下方二维码。

《公司债券发行与交易管理办法》

7. 《首次公开发行股票并上市管理办法》见下方二维码。

《首次公开发行股票并上市管理办法》

8. 《外债登记管理办法》见下方二维码。

《外债登记管理办法》